古斯塔夫国王的故事

Adventures and Escapes of Gustavus Vasa

〔美〕亨德里克·威廉·房龙◎著

贺五一◎译

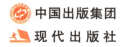

中国出版集团

现代出版社

图书在版编目（ＣＩＰ）数据

古斯塔夫国王的故事 /（美）房龙著；贺五一译
. -- 北京：现代出版社，2016.3（2023.9 重印）
（房龙真知灼见系列）
ISBN 978-7-5143-4531-5

Ⅰ.①古… Ⅱ.①房… ②贺… Ⅲ.①瑞典—历史—
青少年读物 Ⅳ.① K532.09-49

中国版本图书馆 CIP 数据核字 (2016) 第 024271 号

古斯塔夫国王的故事

著　　者	（美）亨德里克·威廉·房龙
译　　者	贺五一
责任编辑	周显亮　哈曼
出版发行	现代出版社
地　　址	北京市安定门外安华里 504 号
邮政编码	100011
电　　话	010-64267325　010-64245264（传真）
网　　址	www.1980xd.com
电子信箱	xiandai@vip.sina.com
印　　刷	永清县晔盛亚胶印有限公司
开　　本	700mm×1000mm　1 / 16
印　　张	10
版　　次	2016 年 4 月第 1 版
印　　次	2023 年 9 月第 5 次印刷
书　　号	ISBN 978-7-5143-4531-5
定　　价	58.00 元

目录

目录

古斯塔夫国王
的故事

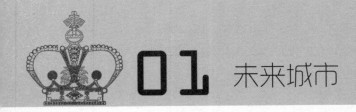

01 未来城市

　　那是1520年11月初，昼短夜长，天气也正如每年的这个时节人们所预期的那样糟糕，老天爷不是下雨，就是将这个国家笼罩在一层厚厚的雾霾之中。天上一般很少出太阳，即使当太阳出来，片刻间透过快速飘动的云层照射下来的时候，它所做的只是吸引人们的眼球，而不会带来丝毫温暖。

　　即便如此，斯德哥尔摩（Stockholm）市仍洋溢着节日的气氛，因为农民的卫士以及普通民众的朋友和保护者——好国王克里斯蒂安（Christian）终于来到了他统领下的瑞典地区的首都。

　　11月1日，瑞典民众的代表们最后向他们的丹麦主人宣誓效忠，拥戴他当瑞典国王。11月4日，国王陛下将要前往教堂，在那里，他将要接受古斯塔夫·特罗勒（Gustaf Trolle）大主教的加冕，古斯塔夫·特罗勒是亲丹麦人派别的领袖，也是三个王国中最有影响力的人物之一。加冕仪式后，正如人们所期望的那样，所谓的爱国者同联邦主义者之间的频繁争吵将结束。爱国者为独立的瑞典国家理想而斗争，而联邦主义者认为只有严格遵守著名的卡尔马联盟（the Union of Kalmar），这个国家才能得救。

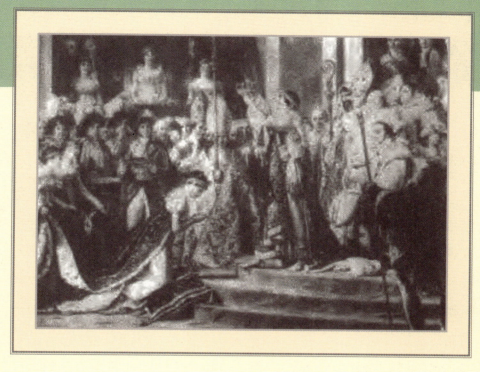

古斯塔夫·特罗勒的加冕仪式

　　这个联盟到现在已经历时123年了，它从来就不是一个令人完全满意的东西，瑞典人之所以接受它，是因为他们没有其他的选择。他们那稀少的人口（那时可以被称为瑞典人的人口几乎不到一百万）、落后的经济和文化地位、偏居于文明世界之外的地理位置以及首领们永无休止的争吵，使得他们成为邻近的组织良好有序的丹麦人的轻而易举的掠夺对象。因此，瑞典和挪威（除了14世纪中期黑死病使将近一半的人口死亡之外，这个国家的情况与瑞典非常相似）一起成为一个北方大帝国的一部分，这个北方大帝国的统治者是袖珍小国丹麦的国王们，他们在大城市哥本哈根

（Copenhagen）过着快乐而安稳的生活。1443年，他们把这座城市作为他们的首都，而且现在他们还想把它变成北欧最主要的城市。这种想法也不是一场白日梦，因为哥本哈根坐落在旧世界里最重要的一条贸易通道上，瑞典和丹麦之间的狭窄的海峡是所有来往于波罗的海（Baltic）的船只必经（并缴付通行费）的通道，而且，波罗的海地区作为中世纪重要的产粮区，其交通非常繁忙。

不错，这些丹麦国王们是优秀管理者——他们比他们的瑞典或挪威邻居强多了——但是当时他们是德国人（German）的后裔，全世界的人都知道，德国人是讨厌的家伙，但他们的组织能力几乎可以称得上神奇。现在，丹麦人用他们从北欧的所有运粮船上征收来的税收来征召外国雇佣兵，缺乏训练的瑞典农民和无知的挪威渔夫们如何能抵挡得住来自瑞士（Switzerland）和德国（Germany）的训练有素的职业军队呢？因此，经过一场长久但却非常不成功的抵抗之后，瑞典人被迫重蹈他们的邻居挪威人的覆辙，也不得不承认丹麦国王们是他们的最高统治者。

他们在一定程度上也保住了一些面子。他们允许保留表面上的自治政府，而且可以声称自己仍然是瑞典人而没有怎么变成丹麦人。但每个人都知道事实并非如此。瑞典人半独立的外表不过是对他们自尊心的一点小小的安慰而已。

在1397年的那个重要日子里，波美拉尼亚的埃里克（Erik of Pomerania）加冕为丹麦、挪威和瑞典国王，此后，整个斯堪的纳维亚（Scandinavia）都处于哥本哈根的统治之下，那些胆敢稍微大声一点对这个问题提出异议的人很快就会发现他们自己已身处令人非常难受的丹麦监狱之中。

如今，能让我们想起那著名的卡尔马联盟的，就只有我们在瑞典班轮的烟窗上以及许多瑞典餐馆的菜单上所看到的瑞典盾形纹章上的那三个王冠了。

当三个王冠真正具有一定意义的时候，能够将它们宣称为自己的商标的是丹麦国王，而不是瑞典国王。在从1397年到1520年这差不多整整五代人的时间里，丹麦人主宰着瑞典，瑞典人被迫接受一种半独立的屈辱的地位，其原因是，他们不能痛下决心结束他们内部的争吵，并同心协力反对他们深深痛恨的压迫者以扔

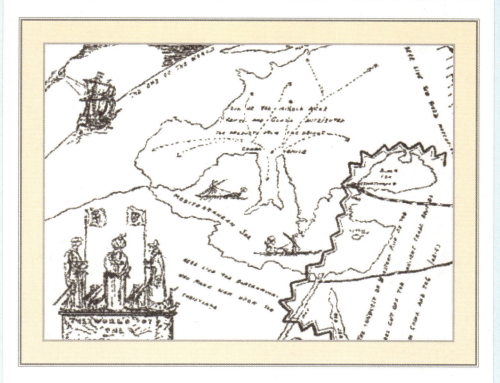

中世纪

掉枷锁，而加在他们身上的枷锁越来越沉重，因为很多丹麦的执政者是德国人。

终于，在感觉到这种无效的抵抗所换来的不过是绞刑之后，许多瑞典人开始认为某种妥协比永无休止的争吵和无尽的流血牺牲状态好，流血牺牲意味着焚烧城堡和村庄、抢劫农庄、杀戮无辜的人民——所有这一切就导致一种永远的动乱局面，这种动乱的局面不会使任何人更加富有或幸福，而且，它还会将过去一百年来辛辛苦苦积攒下来的哪怕是那么一点点财富也消耗殆尽。

他们知道除非某地有一个人在实行实际的统治，否则国家不会有望获得繁荣。在中世纪乃至是中世纪晚期，如果没有警察局长高效率的服务做保证，人们的生活是非常危险的，而人们并不太在意这个警察局局长由谁来担任，只要他们能够依靠他来维持法律和秩序，且他对所提供的服务索价不至于过高就行。

那些认为最好接受卡尔马联盟【实际上是一种斯堪的纳维亚国家联合（United States of Scandinavia）】的瑞典人可能会希望看到他们自己的人爬升到首席执行官（Chief Executive）的位置。但是，历史却走向了另一面，组织良好的丹麦人打败了组织涣散的北方人。现在北方人（Northerners）所能做的是，要么他们在自己身处的不舒服的环境里委曲求全，要么继续进行他们的游击战，以越来越快的速度失去生命和财富，并最终发现他们自己处在自己的首领的统治之下，而这个首领可能比其丹麦同僚好不了多少。在丹麦统治者的统治下，他们现在已经达到这样一种程度，那就是他们或多或少知道如何站起来，有何指望，然而，如果由当地的当权者来统治，

　　流血牺牲意味着焚烧城堡和村庄、抢劫农庄、杀戮无辜的人民——所有这一切就导致一种永远的动乱局面，这种动乱的局面不会使任何人更加富有或幸福，而且，它还会将过去一百年来辛辛苦苦积攒下来的哪怕是那么一点点财富也消耗殆尽。

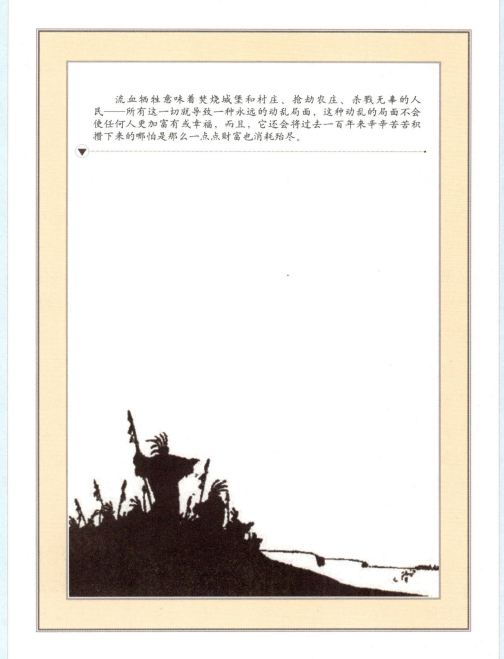

在了解他们所不得不对付的人是什么样的货色之前，他们又不得不从头再来。

我想，这大概就是他们的想法（尽管我不是中世纪的瑞典人），因此，他们宁愿和其他的"联邦主义者"（Unionists）联合，而反对那些梦想重建纯正瑞典人的王国的"爱国者"（Patriots）。当然，在后面这种情况下，就必定会出现相当长时间的内战和无政府状态，但最终瑞典人也有机会获得真正的自由。

正如我刚才所说的那样，我是在1944年写生活在1520年的人们的想法，这样总会运用大量的推测，因为很难而且我们也几乎不可能钻进别人的心里（climb into other people's skins）。我们没有人能十分了解我们自己的父辈们，因此，我们又怎么能了解五个世纪以前的善良的人们呢？

就拿我们耳熟能详的那个词——"爱国主义"来说吧。罗马人曾使用爱国心（amor patriae）或"爱某人自己的国家"这种表达法，但是罗马人所说的"爱某人自己的国家"的意思和我们所指的我们自己的"爱国主义"的意思并不完全相同。中世纪时代的人甚至不知道这种"爱国家"是怎么回事，但他知道关于"忠诚"的含义。

然而，他眼里的"忠诚"和我们所认为的忠诚又有很大的不同。他的整个封建的生活哲学（而在将近一千年的时间里，封建主义既是他存在的开始，也是他存在的结束）是建立在忠诚的理想的基础之上的。然而，忠诚所针对的是一个活生生的人，而不是一个

　　他们宁愿和其他的"联邦主义者"联合，而反对那些梦想重建纯正瑞典人的王国的"爱国者"。

像"国家"（State）这样的抽象概念，因为我们知道，那时国家还没有出现。没有那些到处都是战争部、海军部、内政部、商业部、社会保障大楼、邮局以及数百个其他的用于某种公共服务的建筑的首都城市。首都就是国王偶尔居住的地方，因为他和他的宫廷人员必须由周围的社区（有几名百官员，而且他们吃得很多）来供养，因此，首席执政官永远处于奔波中，他从一个城堡跑到另一个城堡，直到所供应的物品都分发出去，然后，他又去另一个据点，在那里有新收获的粮食需要烤成面包，一栏栏的牲畜有待慢慢饲养。

由于没有一个固定的首都来统领整个政治机构，因此，"国家"（State）是一个有点模糊的概念。甚至没有一面国旗，也没有类似现代国家军队那样的东西。个人表现出极其忠诚，但这种忠诚的对象只是他自己的直接主人、他自己的村庄，或者至少是他自己的辖区——无论这个辖区是大还是小。

在中世纪，人们并不是到处称他们自己是德国人，或者法国人，或者是英国人。当问及此类问题时（但是，他们中的大多数人从来不离开自己的家远行至几英里以外的地方，因此，没有被询问的机会），他们可能会回答说，他们来自伦敦或者是布里斯托尔（Bristol），他们是土生土长的诺曼底（Normandy）人或者是利摩日（Limoges）人，或者说他们来自吕贝克（Lübeck）或者是阿彭策尔（Appenzell）。但是，我们今天所理解的"国籍"的概念——不，这个概念直到许多国王建立了自己的高度中央集权的国家之后才开始真正得到广泛使用，而在中世纪的农业文明被近代城市文明

首席执政官永远处于奔波中，从一个据点跑到另外一个据点。

所取代，以及旧的、令人着迷的易货贸易体系被建立在货币基础之上的经济所取代之后，这种情况才发生。

　　我之所以有点转弯抹角地说这些，是想告诉诸位，责备那些接受与丹麦和挪威的联盟并自愿接受丹麦国王的统治的瑞典人，说他们缺乏我们今天所说的爱国主义精神是不公平的。他们怎么会意识到那种还不曾创造出来的情感呢？像任何时候任何地方的人们一样，他们也希望在生活过程中获得最大的舒适，将不适和烦恼减到最小限度。他们可能也想让自己种族的、说他们自己语言的、且在其他方面和他们有共同的出身背景和偏好的人来统治。他们常常尝试着这样做，但从来就没有多大用处。现在难以控制的局面使得他们屈从于外国统治者，如果这个统治者向他们征收的税收少于本土

国王克里斯蒂安一路狂奔
到他的瑞典首都。

的统治者，并在他们处理自己的日常事务时或多或少给他们一点自由，那么干吗要不断斗争呢？——为什么不充分利用当前的条件并接受不可避免的结局呢？一个统一的斯堪的纳维亚也有某种好处。

当然，并非所有的瑞典人都这么想，但是他们中有足够多的人是跟随丹麦最高统治者走的。现在让我们把时间拨回到1520年，那里又一次发生了长期的动乱，结果，斯德哥尔摩遭到了围困，一支丹麦舰队洗劫了瑞典海岸，而且外国雇佣军还焚烧了斯韦阿兰的农庄。

但是，最终和平出现了。克里斯蒂娜·于伦谢娜夫人（Dame Christina Gyllenstjerna）是斯滕·斯图尔（Sten Sture）的精力充沛的遗孀，也是爱国者们的领袖，是她迫使斯德哥尔摩投降，而国王克里斯蒂安（King Christian）本人则不辞辛苦一路狂奔到他的瑞典首都将事情摆平。他已经答应赦免所有曾经胆敢反对他的人，为了向所有的臣民表明他的仁慈心，他打算在王室城堡举行的最高规格的宴会上招待他以前的敌人，这次王室城堡的宴会将比人们以前所看到或听到的宴会都要盛大。

到那时，人们将高举倒有威士忌和盛满啤酒的结实的酒杯，过去的一切都将随即成为过去，每个人都将热爱其他人，从此瑞典人将忠实地臣服于他们的丹麦主人，以这样或那样的方式融入这个强大的北方帝国（Empire of the North）。在丹麦、挪威和瑞典的开明君主——善良的国王克里斯蒂安二世（King Christian Ⅱ）的领导下，凭借其德国雇佣军，这个北方帝国现在已达到前所未闻的辉煌程度。

02 此次聚会令人难忘

中世纪的人们生活在如此难受的环境之下，以至于他们只有将这个世界变成一个巨大的神话故事才能维持生存，他们完全懂得为什么斯堪的纳维亚半岛会是这样一种古怪的形状。

因此，他们这样告诉他们的孩子们：一天，魔鬼生了某个人的气，大发脾气，他很少是这样的，因为经验

他被愤怒的情绪所支使，捡起一块巨石向他的敌人扔去。

因纽特人的冰屋

告诉他，如果一个人平时总是能很好地控制自己的情绪，那么他就会显得凶狠得多。但是这次失误了，让愤怒占了上风，这时，他就捡起一块巨石向他的敌人扔去。

然而，受害者及时躲开了，石头仅仅从他的右耳朵擦过，然后"扑通"一声巨响，石头落入了离北极（North Pole）不远的海中。但是，由于魔鬼用力过猛以至于石头全部裂开了，从此以后，就在那儿形成了数千道海湾、海峡、入海口、河口以及峡湾。

这个美丽的神话是讲述给小孩儿们听的，但是现代地质学家知道得更清楚！原来，斯堪的纳维亚半岛是一个多山的地区，它位于我们今天称之为欧洲的大亚洲半岛（Big Asiatic Peninsula）的西北边缘。在很早的时候，整个北方地区的气候也一定会比现在暖和得多。斯匹次卑尔根（Spitzbergen）的煤田和埋藏于格陵兰（Greenland）的热带森林表明，许多年以前这个地区一定和今天的非洲一样炎热。斯科讷是瑞典最南端的一个省【它将它的名字赋予了整个半岛——斯堪尼亚（Scania）或者斯堪的纳维亚（Scandinavia）】，这个省的土壤中的灰显示出，从前那些所有的平坦的草地都曾是高山地区的一部分，这个高山地区布满了活火山。

如今，我们一点都不知道是什么原因引起了如此巨大的气候变化，这种气候变化将格陵兰变成了一个巨大的冰原，并使极地地区变得只适合冰熊、因纽特人（Eskimos）以及我的好朋友维尔加尔默·斯蒂芬森（Vilhjalmur Stefansson）居住，维尔加尔默·斯蒂芬森能够只吃牛排就可以生存而且对此毫不在乎。毫无疑问，将来某一天我们会发现这其中的奥秘，因为人的大脑（至少是有些人的大脑）能够解开最古怪的谜团，但是，在那一天到来之前，我们将不得不依靠"猜测"，"猜测"永远是我们勤劳的科学家们作出更加可靠的假设的先导。

哎呀，由于我对地质学的极端无知，我只能重复我在一些书上所读到的内容，但是，如果我没有理解错的话，这就是那些教授们对这个蹊跷问题的看法。我们地球的中轴已经开始有点向左或者向右偏，至于其原因只有老天爷才知道（老天爷对这样的事情常常是非常保密的）。现在的冰天雪地曾经是酷热无比，反之亦然，一切都完全乱了套了。

几百万年以后，中轴又开始恢复正常，或者有点超出正常，

　　在很早的时候，整个北方地区的气候也一定会比现在暖和得多。斯匹次卑尔根的煤田和埋藏于格陵兰的热带森林表明，许多年以前这个地区一定和今天的非洲一样炎热。

因为此后不仅极地地区，而且整个北欧都覆盖着一层厚厚的雪，这些雪又慢慢地凝结成冰，直至冰川逐渐延伸到几乎从北极（North Pole）到那些后来变成了地中海的湖泊的岸边。

在适当的时候，冰又消失了，冰川开始融化，仅有阿尔卑斯山（Alps）和斯堪的纳维亚山脉（Scandinavian mountains）的少数几个顶峰还有冰川覆盖。但是，冰野在欧洲的北部延伸，不仅距离远，而且范围广，那些冰野的重量大得惊人，以至于陆地也下陷了许多。从那时起陆地就开始上升，直到现在也还在不断上升，但其上升的速度很慢，不会阻挡你游览瑞典的步伐。以这样的速度上升，你不会有任何察觉！

现在，如果你懂地理学（也许你不懂），你就能够懂得在许多冰期里（有3—4个冰期，今天我们可能正走向另一个冰期），陆地的下降和上升是如何影响这些北方国家的自然形态的，懂得为什么有如此多的海湾、峡湾、河口湾、港湾，它们都位于一排排岛屿的后面，而这些岛屿不过是被海水淹没了的山脉的顶部，再过一百万年这些岛屿可能又会变成干燥的陆地的一部分。当然，在我刚才所谈到的时间里，波罗的海（Baltic Sea）并不是和北海（North Sea）相通的。实际上，当时的北海还只是一个内陆湖。后来过了很久以后它才和北冰洋（Arctic Sea）（一开始时也是湖）一道变成了海，而且——在南部通过英吉利海峡（British Channel）——它与大西洋（Atlantic Ocean）连在一起，这样就顺势将不列颠（Britain）变成了一个岛屿。

由于还没有和海洋中含盐的水体相通，因此，在很长一段时间

　　冰野在欧洲的北部延伸，不仅距离远，而且范围广，那些冰野的重量大得惊人，以至于陆地也下陷了许多。

里，波罗的海仍然是一个淡水湖，我们必须沿着这个淡水湖的湖滨寻找这个地区人类首次的聚居地。我们仍不清楚是什么时候人类的先锋首次向北推进到如此远的斯堪的纳维亚半岛。有些教授们认为这种事情发生在一万五千年以前。其他的人说话的口气要谦逊些，他们把时间定在一万年以前。不管怎么说，那也是很久很久以前的事，且从那以后，斯堪的纳维亚半岛就有人居住了。

我们关于现代瑞典人、挪威人和丹麦人的早期祖先的资料相当缺乏。后来，他们中产生了某种宗教，这种宗教规定他们的酋长们必须安葬在巨大的土堆下面，而且这些酋长的爱妻以及他们生前的家奴必须陪葬（这样就能够确保他们在死后也能够像此时此地一样得到小心的服侍），这时，我们才开始了解到关于他们用于互相杀

他们用于互相杀戮的武器、日常生活的工具。

戮的武器、用于捕鱼的工具、用于制作面包的谷物、用于烧饭的陶器（因为他们早就学会了使用火），以及他们是如何驯养马匹的信息，同时也了解了他们的女人们是如何装扮自己的。

这些坟墓连同其他的物件一起向我们表明，狗是他们学会驯养并用于狩猎的唯一动物。然而，在美国原始印第安人（mound builders）（在乌普萨拉附近，有几座十分壮观的坟山，在克里斯蒂安时代开始之前，那里是瑞典人的圣地）的时代之前，我们只能通过那些贪吃的史前食客们所留下的垃圾堆来获取信息。这样的垃圾堆在科学上被称为贝丘（kitchen middens），它们不仅限于斯堪的纳维亚。就在这里从我的房子的窗户望去，在老格林威治（Old Greenwich）的小海湾，我能看到托德角（Tod's Point），在托德角上仍然有几个印第安人遗留下来的贝丘，在相当长的历史时期里，他们每年都要来到海角饱餐牡蛎和蛤蜊，并把贝壳丢弃，就像我们现代的蛤蜊挖掘者（clam-diggers）在海湾对岸的卢卡斯角（Lucas Point）所做的那样。

如同我们自己的印第安人以及所有的原始人类（有些不是那么原始）一样，史前时代的人也是十分马虎的进食者，他将肉、骨头以及吃剩的食物随意丢弃，且他总是处于饥饿之中，因为他从来就不知道什么时候他又有机会饱餐一顿。因此，在击破牡蛎壳或者是打碎动物的骨头以吸取其中的骨髓的过程中（骨髓就是他的鱼子酱），他丢掉几把石刀，这又算得了什么呢？他有很多这样的石刀，他感到饥饿时，他能够很容易地弄到其他的石刀。而且，如果他的妻子在她的孩子（brood）因吃得太多快要窒息而死时（在原始吃客中，这种情况并不罕见），她会赶忙加以阻止，她在匆忙之中落下几粒珠子或者次等的、用狼的牙齿做成的项链在废弃物里，她是不会为这种小事费神的。

因此，在那些贝丘里也沉积了大量的遗失的物品，而且这些物品告诉我们很多关于我们的早期的先祖们的生活习惯和方式（或者是同样事物的欠缺）的信息，当然，它们所提供的信息是相当片面的。可以设想，距今一万年以后让一位有好奇心的历史学家来描述一下你的家庭生活，而给他的线索除了你在你家的后院遗弃的累积起来的一堆垃圾外，什么也没有，那时会是什么情景。毫无疑问，他会了解到关于你的生活方式方面的一些信息，但是，他将不得不在很大程度上依赖他的想象来填补各种各样的细节，而这些细节是垃圾箱没有展示出来的。不管你是否对这个课题感兴趣，一个名叫约翰内斯·威廉·扬森（Johannes V. Jensen）的博学的丹麦人还是已经这样做了，而且做得很不错。在这个课题方面他写了一系列有趣的书，他在书中将事实与精妙的暗示和建议融合在一起。有幸的是，这套取名为《长途旅行》（*The Long Journey*）的系列丛书现在早已获得出版，如果你在图书馆里也能找到这套书，我希望你读读它们。不过请记住，约翰内斯·威廉·扬森是一个了不起的兴趣爱好者，他的兴趣中包含着一种信念（不是建立在非常可靠的证据之上的），那就是所有的人类文明都是从他自己所深深热爱的丹麦开始的。

由于生活在许多年以前，所以他从来不使用雅利安人这个词，但是，对他来说，他的自成一家的北欧人（Nordics）既是所有文明的开始也是所有文明的结束，他甚至十分荒谬到要证明：就在逐渐消退的冰川的下面，某种多毛的动物学会了用后腿行走并发现了火的用途，最终他们抛弃了动物式的生活方式，从而变成了人。

但是毫无疑问，在一个细节上他是正确的，那就是他坚持认为每一种新的发现，不管这种新的发现是什么，它迟早必定会向大陆的所有其他地区传播。即使是在历史的开端，也很少有群落完全是靠自身以及为了自身而生存的。当然，没有大路可走，只有小径，

石器时代

有足够的食物吃与只
剩一点点口粮之间的区别。

就像在我们的印第安人时代那样，而这些小径具有与现代公路和铁路同样的用途。个体的商人们沿着这些小径行进，如果世界的一个地区有了一种有趣的新发现，那么其余的人类必定会最终得知。某种经过改良的斧头从南欧推广到北部可能需要几百年时间，但是我们知道，在史前时代的人所生活的那个时代，那时"时间"对他来说没有任何意义，一种铜斧头从喀尔巴阡山的山坡（Carpathian hillside）一路传播到梅拉湖（Lake M.lar）畔是需要四百年还是六百年完全没有区别。很有可能的是，生活在北方的人早就对他的石斧产生了很强的依赖心理，以至于他对这种铜制的新奇玩意儿不怎么感兴趣，也不会把它作为礼物接受下来。但是，他的儿子们对这种青铜制成的战争工具又有不同的看法，这种工具在劈开敌人的头颅方面的效果远比他们的父辈的旧的石制器械好。因此，这些早期的斯堪的纳维亚人从木器时代走进了石器时代，然后又从石器时代走进青铜器时代，而后又从青铜器时代走进铁器时代，最后从铁器时代走进钢器时代。但是，所有这些时期相互重叠——它们现在仍然如此——因为我们在日常生活中仍使用大量的木制器具，而且我们仍用石磨来碾一些米（跟我们的史前先祖们所做的完全一样），而且我们仍然将青铜和黄铜用于各种用途，只是我们把这种事情完全看成是理所当然的，以至于它们没有作为一定的历史时期的残存物来给我们留下深刻的印象，或许这也无伤大雅。如果我们意识到我们几乎每天每时都在践行的风俗和习惯就是所有史前的风俗和习

狗是他们学会驯养并用于狩猎的唯一动物。

惯，那么，我们也许会感到有点不舒服。因为，尽管我们取得了许多了不起的成就，但在许多目的和意图上，我们仍然是史前的原始人，只是我们碰巧坐在了烧汽油的车里四处转悠，而不是坐在牛车上，但是，至于其他的一切，我们并没有真正进步到我们有时所设想的那种程度。

如果你想真正弄清楚到底发生了什么事，那么我现在就要求你做你每次读这种书时所应该做的事情。拿出一张纸，并在纸上反复画斯堪的纳维亚半岛的地图直至你熟记于心。那么，你就会发现斯堪的纳维亚半岛是一种细长的椭圆，其长度大约是其宽度的四倍（长900英里①、宽250英里），这个椭圆在中间线附近由山脉的一个山脊截然地分为两半，这些山脉呈南北走向，都不太高。凯布讷山（Kebnekaise）（一个总是让我着迷的名字）高耸于拉普兰（Lapland）地区，差不多有七千英尺②高。但是，这个山脉越往南走，其地势越低，最后到瑞典的最南端的地区时，它已变得差不多和丹麦一样平坦，然后，它就没入海中。

所有的斯堪的纳维亚河统统都是这个山脉的产物，因此，它们的主要流向不是从东到西，就是从西向东，沿着最短的路线流入大海。除了对于运送木头有用外，这些河流的用途都不大。挪威和瑞典的山脉覆盖着茂密的森林，伐木工人们只需要将做有标记的原木抛入离他们最近的小溪或者河流中，他们知道这些木头迟早会到达大海，到那里后他们将这些木头捞起来，然后辨认它们是属于这个

① 1英里＝1.609344千米
② 1英尺＝0.3048米

或者那个或者其他的木材公司。

但是一方面，除了偶尔阻挡军队的行进外，这些河流在瑞典的历史上的作用很小，你没有必要为它们费神。在另一方面，大的湖泊却是非常重要的。早期人类在内陆的定居点就在这些湖泊的沿岸地区。这些湖泊中最大的是维纳恩湖（Lake Vaner）（2150平方英里），该湖即使是在冰川时期之后仍是将斯科讷（Skane）与瑞典分开的海的一部分。最著名的是梅拉伦湖（Lake Malar），斯德哥尔摩市就坐落在这个湖的湖畔，该湖直接连通波罗的海（Baltic Sea）。你应该记住的第三个湖是韦特恩湖（Lake Vatter），它是所有的湖泊中最美丽的。

接下来为了方便起见，请记下具有历史意义的、瑞典的各个组成地区。往北，有拉普兰（Lapland）；但是，由于拉普兰远在文明区域之外的位置，而且其真正被发现的时间比这个国家的其余地区被发现的时间要晚几个世纪，它在我们的历史中将不起作用，因此，我们不妨忘记它。

拉普兰是诺尔兰（Norrland）的一部分，且正如其名字"北部地带"（Northland）所表明的那样，中世纪的人们将它与他们的"最遥远的北方"（furthest north）或者北极（Ultima Thule）的概念联系起来。诺尔兰的南部是斯韦阿兰（Svealand），它是瑞典的第三个重要地区。最北部的斯维兰省将是我们的主角古斯塔夫·瓦萨（Gustavus Vasa）的主要活动场所，他在这一地区的活动是他一生中最能引起人们兴趣的部分，因此，请你注意那个我们在英语中称之为达勒卡里亚（Dalecarlia）而瑞典人称为达拉纳

一种瑞典式的新英格兰——瑞典人的独立就诞生在那里。

▶

（Dalarne）的名字。

这是瑞典人独立的真正诞生地——一种瑞典人的新英格兰（Swedish New England）。这个地区有森林、湖泊以及铜矿，这里的人们长期以来享有一种完全的经济独立，不受任何人的摆布。他们难以相处——是的，一种很难相处的人——顽固、倔强、不善变通，甚至是对他们自己的感情和意图也疑心重重，但是，他们坚信他们权利的存在，并总是想保持这种权利。

在达拉纳向海的方向逐渐变窄的地方，你会发现一个被称为乌普兰（Uppland）的地区，它也是一个名叫乌普萨拉（Uppsala）的著名的老瑞典大学城的所在地。但是，乌普萨拉比其直到1477年才建立的大学的历史要久远得多，它除了因这个著名的学术场所而声名远扬外，它在许多其他的事情上也闻名遐迩，因为就是在乌普萨拉（Uppsala）附近，我们首次发现了某种类似一个瑞典民族和一个瑞典国王这样的东西的证据。

迦姆拉乌普萨拉（Gamla Uppsala）或者老乌普萨拉（Old Uppsala）是一个离现代乌普萨拉（Uppsala）约2英里的村子，在旧的异教徒时代，那里曾经是瑞典国王的驻地，直到我们这个时代的11世纪，老乌普萨拉仍然是祭祀光明之神弗雷（Freyr）的地方。

当然，光明对于生活在夏季非常短、冬季非常长的国家的人们来说是极为重要的，在那里，早在下午两三点钟的时候你就不得不考虑照明和点灯的事——更别提太阳光照对收成的影响了，即使是在最好的季节，其收成也是十分微薄的，在那里，夏季时间延长一个星期就意味着有足够的粮食吃或者仅剩一点口粮之间的差别。关于弗雷这个古老的神，我不能说得太细，他常常被认为是和他的妹妹弗雷娅（Freyja）一样的神，他不仅扮演着光明的传播者的角色，而且和他的妹妹一道，被尊为爱情、婚姻以及和平之神。我既不知道为什么老乌普萨拉会变成这两个神灵的祭祀中心，也不知道为什么弗雷娅常常会从老乌普萨拉出发乘坐一头猪或者两只猫拉的大车前去旅行。但是，当时为什么德尔斐（Delphi）被选作阿波罗（Apollo）应该向古希腊人显灵的地点呢？在这个世界上没有某种确定的原因，事情是不会发生的，但是，这样的神圣之地的产生常

29

常是某个人物偶尔出现的结果，这个人足够强大以至于能用当地的神谕唤起民众的注意。

为什么这些神会在某个特殊的地点为他们自己选择一个圣地？比这样的问题更有趣的是这些神能持续多久。阿波罗的声音被人们听到的时间仅仅四个世纪，然而从史前时代早期开始，直到12世纪末期供奉他们的庙宇最终关闭并变成基督教的教堂时为止，弗雷和弗雷娅一直被这个地区的人们顶礼膜拜。

因此，整个这个地区都是十分古老的地域，当你观看位于老乌普萨拉附近的那些国王的坟墓（是些假山，其高度差不多为60英尺，直径达200英尺）时，你就会意识到这里国民的生活曾经一定是非常活跃的，因为要建造一堆堆如此大的土堆，而有用的工具除了篮子和手推车之外什么也没有，这就需要进行合理的组织和巧妙的施工。这就越来越清楚地表明，在那里有一个具有高度组织性、运作非常有效的国家，这个国家和波罗的海南岸的日耳曼诸国家的唯一不同之处就在于他们还没有接受基督教，而且顽固地坚持异教信仰，而这些是欧洲其余地区的人所不知道的。

但是到12世纪时这一点也有所改变，而且此后，老乌普萨拉不断缩小直至消失。即使是新提拔的大主教也离开了这里，并且在附近的乌普萨拉（Uppsala）永久地定居下来，国王们也在梅拉湖（Lake Malar）畔为自己建造了一个更加便利的寝宫（residence），并继续加固一再被毁坏的斯德哥尔摩（Stockholm）村庄，以便其不再遭受从波罗的海过来的爱沙尼亚人（Esthonian）以及其他海盗的蹂躏和劫掠。

　　如今，斯科讷（Skoane）和这个国家的其他地方在外貌上有很大的不同，以至于当你在从斯韦阿兰和约塔兰去往丹麦的途中穿过这个地区时，仅仅是穿过松德海峡，你就会发现很难想象你自己是身处瑞典。

提及斯德哥尔摩，我已经把你正好带进了老斯韦阿兰（old Svealand）的心脏地带，这个地方的名字向人们透露了它的起源，它曾是一个被叫作斯韦尔人（Svears）或瑞典人的民族的第一个永久的故乡。在南部紧挨着它的是约塔兰（Gataland）或者说是哥特人的地盘（land of Goths），这个地方是古老而著名的盎格鲁—撒克逊（Anglo-Saxon）编年史《贝奥武夫的故事》（*Story of Beowulf*）的背景地，也许你还依稀记得，贝奥武夫（Beowulf）是邪阿塔斯（Geatas）族或者高塔（Gautar）族人的国王海格拉克（Hygelac）的侄儿，而这些高塔（Gautar）族或者哥塔（Gatar）族人不是别人，他们正是斯堪的纳维亚半岛（Scandinavia）的约塔兰地区的哥特人（Goths）。

我们的地图差不多就讲完了，只有在瑞典最南部的一个被称为斯科讷（Skoane）的小地方还没有提到。这个名字不是这样拼写的。a的上面应该有一个小圆圈——这个圆圈和你去瑞典餐馆时所看到的Smörgåsbord（摆满了肥鹅的桌子）这个词上面的圆圈是一样的，当时你可能会对这个词的奇怪的拼写法感到好奇，而且你还会好奇这个词该如何拼读。这个a上面的小圆圈把发音从ah变成了oa，就像load、board或者loan那样。然而，这种用法往往给我们的印刷商带来相当大的不便，他们很少有瑞典语、挪威语和丹麦语（更不用说冰岛语了）中的这些小玩意儿，这些玩意儿有点像中世纪早期的卢恩字母（rune），而且在1944年的战争时期，如果印刷商真的帮你印制一本书的话，那么对他来说更好的办法是尽可能地将事情简化。因此，万一什么时候a的上面出现一个小洞时，我就将其写成

oa，你将其念成oh就可以了。

如今，斯科讷（Skoane）和这个国家的其他地方在外貌上有很大的不同，以至于当你在从斯韦阿兰和约塔兰去往丹麦的途中穿过这个地区时，仅仅是穿过松德海峡（Sund），你就会发现很难想象你自己是身处瑞典。它比瑞典北部地区的土地肥沃得多，因此，其人口也比这个王国中的其他任何地方都要稠密。土地之所以肥沃是因为它起初是一个火山地区，而且这一点一定在很早的时候人们就认识到了，因为斯科讷显然是斯堪的纳维亚半岛中第一个吸引欧洲大陆移民的地区。我们知道这一点，是因为这里到处有那些史前墓的遗迹，而这些遗迹在瑞典或者挪威的任何其他地区是找不到的。

北部地带

　　　　a的上面应该有一个小圆圈——这个圆圈和你去瑞典餐馆时所看到的Smörgàsbord（摆满了肥鹅的桌子）这个词上面的圆圈是一样的，当时你可能会对这个词的奇怪的拼写法感到好奇，而且你还会好奇这个词该如何拼读。

　　和乌普萨拉的坟堆不同，史前墓的遗迹不是用泥土堆成的，而是用石头砌成的。它们在英格兰、荷兰北部、布列塔尼（Brittany）、西班牙、北非各处都可以找到，有些甚至在遥远的日本也有发现。它们是些石冢——那些圆形的石堆——在那里新石器时代的人们埋葬了他们死去的首领，而且它们也向我们展示了新石器时代人类的文明分布得多么广泛，我们通常认为那时新石器时代的人们是一些不断萎缩的野人，他们很少冒险走出洞穴到很远的地方去，而且我们也很少将他们与全世界文明的概念联系在一起——你看怪不怪，这种文明所持续的时间竟然比我们自己的文明到目前为止所持续的时间要久远得多。确切地说，它在离我们这个时代几百个世纪以前就开始了，其结束时间大约是在大金字塔被建造的时代以及所罗门建造耶路撒冷（Jerusalem）神殿前两千年时。

　　如果没有其他用处的话，对新石器时代有一些了解将至少教育我们要谦虚。我们非常自豪地谈论我们自己的历史时期的成就，我们的历史时期开始于希腊和罗马，且随着条顿式的狂怒（Teutonic fury）的最后爆发，现在似乎已经走到了尽头。我们称罗马是永恒的城市（Eternal City），尽管它直到公元前753年才建立，而在祖先亚伯拉罕（Patriarch Abraham）时期，大马士革（Damascus）就已经被认为是一个非常古老的城市了，祖先亚伯拉罕所生活的时代比我们的时代开始时早大约20个世纪。甚至是远在雅典（Athens）被人们所记起之前，那里不仅一定有相当重要的居民区，而且那时也一定是人类生活中的最令人激动的年代。每隔一千年左右的时间就必定会有某种非凡的新发明出现——这种发明和电话、电灯或者汽车这样的发明同样意义深远。比如，当一个人学会了如何将石头、牛角、骨头以及象牙磨制得如此尖锐锋利，以至于最终能够抗击即使是力量最大的野兽。在那以前，这种野兽使他不得不过一种狩猎生活，而且还几乎不时地威胁他的整个生命，这时，他就会立即开始毁灭那些今天只存在于我们的博物馆以及我们的梦幻中的、危险的怪物。

后来，他驯养了马、牛、羊、驴（狗已经过训练用来帮助他在旧石器时代打猎），而且在肉、鱼和野浆果这些有限的食物的基础上增加了牛奶、黄油和奶酪，在他来到这个地球上后的开头的千万年时间里，他就是靠吃这些有限的食物得以生存的。他还开始饲养鸡，并吃它们的蛋。

后来，他突然产生了为他自己建造一个轮子的想法，以便他最终能够获得一些私有财物。从此以后，每当他从一个地方搬迁到另一个地方时，他就不再被迫将其所有的尘世间的物品抛弃。通过使用改良了的农具，他现在开始种植谷物，栽培几种简单的蔬菜，这些反过来又使他有可能不再外出捕猎（一种艰苦且危险的生存方式），从而成为一个生活安定的农民，他可能活40岁或者50岁，甚至是更大的岁数。

由于发明创造总是随着一些新的、迫切的需要而产生，因此，制陶工艺和编织技术现在接二连三地出现，从而增加了人类的物质成果。制陶工艺使他有可能为他自己烹饪一种更有营养的食物（现在他再也没有必要将动物的尸体整个地扔进火中来烤熟）。纺织技术也增加了人们的财富，其方式是给人们提供更好的保护以抵御冬季的严寒，这比他们以前把兽皮披在身上来御寒的方式要好得多。已经进入新石器时代的人，作为一种生物其智力比一个非常聪明的动物的智力强不了多少，他作为某种我们不必耻于称其为祖先的生物，告别了这个时期。

关于在第一个世纪里以一种类似国家的方式来生存的瑞典民族的历史，我只能非常简单地谈一谈。我告诉你他们的生存方式几乎没有什么用处，当时他们仍然由不同的且相互间敌对的部落构成，他们几乎没有任何团队意识，比如，著名的瓦斯特哥特兰法（Laws of Vastergatland）（这是他们那个地区最早的成文法）对于谋杀瓦斯特哥特兰（Vastergatland）人的犯罪所处的罚金要高于对谋杀来自东部的约塔兰人或者斯韦阿兰（Sveland）人的犯罪所处的罚金。这就好比是康涅狄格州（State of Connecticut）竟然让罪犯为杀害他的一个康涅狄格（Connecticut）邻居付出10万美元赔偿，而假如受害人碰巧是来自马萨诸塞州（Massachusetts）的话，那么凶手竟然只需赔付这个钱数的一半就可以走人。然而，这就是依然存在于中世纪早期的人们中的思维方式，而且也是直到今天还存在于许多人的思维方式中。这种最狭隘的地方主义情绪在北方日耳曼部落（Germanic tribes）中根深蒂固，其顽固程度要比这个大陆南半部的那些部落的大得多，在大陆的南半部，罗马帝国已经确立起了一些利益多元性的观念。的确，在罗马人的眼中，这种地方主义是所有日耳曼民族最突出的特点之一，当时，在建城八百年之后，他们终于渗入了北欧的蛮荒之地，并开始与生活在这个不为人知晓的地区的部落直接接触。

具有高度中央集权国家理想的罗马人不能够理解这些所谓的日耳曼王国（Teutonic kigdoms），在这些王国里，尽管有一个国王，但是，每个小酋长都为所欲为，而且随意背叛其威严的君主，丝毫不害怕其后果，他知道，在他小小的职权范围内他享有任何人所能够希望享有的那种独立。由于这整个极北地区（Ultima Thule）（这是一个模糊的术语，但是，它在中世纪早期的人们眼中的含义和它在一百年后的我们自己的民族眼中的含义大致相同）对于任何文明的人类来说可能从来就不是一个有用的地区，因此，罗马人就对它听之任之，就好像我们放任我们的远西区（Far West）不管那样，而失去了控制的环境最终迫使我们对这个地区进行关注。

偶尔罗马军团也会渗透到莱茵河（River Rhine）以外的地区，那时，他们的境遇非常糟糕。他们被伏击并且陷在峡谷和沼泽之中，而且几乎全部被杀死。

当然，这些北方人（Northerners）并非完全是愚昧无知的。叙利亚的小贩（Syrian peddlers）和希腊的琥珀（波罗的海的产品，罗马妇女用它来染发）经销商穿过无尽的森林，归来时带着关于这块土地的大致方位以及居住在那些北极地区的人种的片断信息，在北极地区每年有六个月时间是一片漆黑，其余的时间则是太阳永不落。但是，罗马人在地理方面没有一点好奇心（地理学对他们来说根本就不是科学），罗马人对胸前佩戴珠子和他们的羊群住同样的房间、喝啤酒（或者无论他们管啤酒叫什么）而不是喝葡萄酒的人们所居住的这个国家没有丝毫兴趣。

在各处从事某种百科全书式信息研究工作的作者将采访我刚才

提到的那些叙利亚的小贩和希腊的琥珀经销商，然后，他就会撰写学术文章来描述居住在萨尔马提亚（Sarmatia）（今天的俄罗斯）和斯维比海（the Mare Suebicum）（波罗的海）、德国海（Mare Germanicum）（北海）以及喀里多尼亚海（the Caledonian Ocean）（苏格兰北部的水体）这些海的海滨的部落的生活。而且接下来，在他们的书中他们还会加上些奇怪的新名字，比如高塔人（the Gautar）、瑞安奈斯人（Sueones）或者芬尼人（the Fenni）（现代

那些北方的蛮族人是航海的行家里手，而且他们拥有大量的船只，他们能够娴熟自如地操纵这些船只，有了这些船只，他们就能保卫他们的海岸免受外来侵略。

芬兰人）的名字，以及安格利人（Angli）和伊斯替夷人（Aestii）的名字。但是，在这样做的时候，他们心中对他们书中所谈论的内容只有一丝模糊的概念，就好像是那些首次绘制新尼德兰（New Netherlands）地图的人，或者好像是那些描画美丽的北美五大湖（Great Lakes）【不知何故，他们知道北美五大湖的存在，但对它们的具体位置却不是十分清楚，于是，他们把它们画成了哈得孙湾（Hudson Bay）或者墨西哥湾（Gulf of Mexico）的一部分】的航行图的人，也好像是那些随意用各种印第安部落的名字来给哈得孙河（Hudson）西部的土地命名的人，尽管有些名字是指代动物而不是指代人的。

那么，那些莫希干族人（Mohicans）、阿尔冈金族人（Algonkins）、易洛克斯族人（Irokeses）、休伦族人（Hunones）对于17世纪荷兰地理学家的意义，等同于瑞安奈斯人（Sueones）、高塔人（Gautar）和芬尼人（Fenni）之于我们时代的1世纪的罗马人的意义——他们是一群神秘的人，他们头上戴着牛角，受到一点点刺激就会喝得酩酊大醉，他们会倾家荡产地赌博，相互之间处于无休止的争斗状态，并且经常更换他们的酋长，以至于实际上任何有组织的政府都不可能建立起来。

但是，即使北欧的景色不那么乏味，那么罗马国家是否能够或者愿意费力将德国北部和斯堪的纳维亚合并到它庞大的帝国版图中还是一个大大的问号。罗马太忙于巩固其从法国和英格兰新获得的领土，而无暇思考将其国威扩展到更远的北方的可能性问题。结果，查理曼大帝（Charlemagne）（他在罗马国家灭亡以后活了很久）时代的人们对斯堪的纳维亚各国的了解和他们的祖先在八个世纪以前的塔西佗（Tacitus）、普林尼（Pliny）以及托勒密（Ptolemy）时代时所了解的一样少。

那么，这些早期的地理学家和历史学家们能够告诉我们什么呢？有一件事情他们的确弄清楚了。那些北方的蛮族人是航海的行家里手，而且他们拥有大量的船只，他们能够娴熟自如地操纵这些船只，有了这些船只，他们就能保卫他们的海岸免受外来侵略。这些历史学家和地理学家还知道瑞安奈斯人（Sueones）王国的中心就在梅拉湖（Lake Malar）和更高的山区之间的某个地方，那里有古代的国都和大神弗雷（Freyr）的国家神殿。但是此后，这里便是几百年时间的几乎完全沉寂，这种沉寂一直到我已经提到的讲述贝奥武夫（Beowulf）的故事时才结束，贝奥武夫（Beowulf）的故事以一种相当单调的方式给我们描述了发生在6世纪的斯堪的纳维亚部落间战争的情况。此外，贝奥武夫（Beowulf）的故事直到8世纪时才被编撰出来，而且这个故事所提及的人物和地点是如此的模糊，以至于在大部分时间里我们只得推测作者的意思。

不过，似乎可以十分肯定的是，到1000年时为止，高塔（Gautar）或者哥塔（Gatar）王国已经灭亡了大约四百年，斯韦阿兰（Svealand）的瑞典人已经成为斯堪的纳维亚大陆上的主导因素。现在，从当地可靠的资料中我们开始获得了关于瑞典人自己的一些可信的、具体的信息，因为在同时，瑞典人和欧洲大陆的文明开始了直接接触，不过，他们走的路线不是古老的罗马大道（Roman route），罗马大道（Roman route）从波罗的海开始，经由中欧到

　　我们知道这一点，是因为这里到处有那些史前墓的遗迹，而这些遗迹在瑞典或者挪威的任何其他地区是找不到的。

达地中海。经过细想，令人感到奇怪的是，那些瑞典人，在罗马还存在的时候，他们从来就没有见到过一个罗马人，而现在却要通过英格兰（England）学习罗马文化、罗马宗教以及罗马人的习惯。然而，当我们记住下面的内容时，事情就不显得那么奇怪了：罗马海军灭亡后，地中海就不再是伟大、万能的世界之海（world-sea）了，而在北方，德国海（Mare Germanicum）或者北海（North Sea）已经变成了文明的中心，英格兰（England）在其西边，斯堪的纳维亚各国在其东边。

现在自然而然的结果是，不列颠群岛（British Isles）上的任何物质或者社会方面的大变化，不久以后在斯堪的纳维亚半岛上就会感觉到。因此，在英格兰（England）皈依基督教信仰以后不久，基督教传教士们就开始构想只要他们跨过这条狭长的水道后所等待他们

亚伯拉罕献祭

新来者常常宣称他们是被迫离开老家的，其目的是为了追求更加高尚的目标，而不是为了寻求更好的房子，拥有自己的田产，获得锦衣玉食。

的美好前景。在罗马，人们对遥远的地方所发生的事情常常也了如指掌，他们早就注意到了这几百万潜在的基督徒的存在。即使是加洛林王朝（Carolingian）那些脾气温和的国王们（查理曼大帝的儿孙们）也开始觉得有必要采取措施用他们自己的信仰来造福于这些可怜的异教徒。

那些法兰克国王们（Frankish Kings）希望通过这一措施（通过把斯堪的纳维亚人变成温顺的基督徒）来达到一举两得的效果。很多世纪以来，他们在西欧的所有法兰克领土都曾遭受了一群群流浪的维京人（Vikings）、斯堪的纳维亚人（Scandinavian）海盗的毒手，这些维京人（Vikings）和斯堪的纳维亚人（Scandinavian）海盗起初只在北海（North Sea）地区进行骚扰，但是，他们逐渐地扩大了劫掠的范围，以至于连地中海也成了他们劫掠的场所之一。

毫不夸张地说，在整个9、10、11世纪的时间里，住在离海岸一百英里以内的人们没有人幸免于突如其来的杀戮以及失去所有财物的痛苦，因为那些海盗已经自己发明了一种海上闪电战。他们会躲藏在某个近便的海角的后面，或者将他们的船只拖上干燥的陆地，在陆地上就没有人会识破他们（他们的船只非常轻，40个壮汉可以轻易地将它们扛起来，且常常能走很长一段距离），然后，到了半夜，他们就会扑向就近的城市或者村庄，放火焚烧粮仓和房屋，杀害男人，偷走女人和孩子（将被卖作奴隶），并想方设法掠走所有的没有被牢牢固定在地板上或者墙上的东西。

要反击这些动作迅速的劫掠者是极其困难的，因为他们有步骤有计划且组织良好。当法兰克国王的军队最终出现在现场时，维京人（Vikings）却早已消失在大海中，他们的船只在刚刚偷抢来的物品的重压下嘎吱作响，而这帮强盗们高兴地盘算着按照惯例扣除给首领及其几个主要头目的份额之后他们将要分得的大致数量。

他们自称是维京人（Vikings）——这个词你既可以译成海上战士，也可译成海上强盗，他们在我们的眼中已经拥有了一种传奇式的光环——在同时代人的眼中，那些维京人并不是那么魅力四射的。他们是海盗和商人，他们之所以采取这种营生方式，是因为他们除此之外没有别的谋生之道。家乡贫瘠的土地只能供养少数几个人。长子可能继承父亲的农场，几个姐妹也许可以有望嫁给一个自给自足的地主，但是其他男孩儿和女孩儿就不得不尽最大的努力自谋出路，而且他们做了在过去的一百年时间里斯堪的纳维亚剩余的人口也曾经做过的事情。他们收拾行囊，远走海外，去寻找那"更好的生活条件"。

首先，他们很自然地占领了离他们位置最近的土地。他们在冰岛（Iceland）和格陵兰岛（Greenland）驻扎下来，他们甚至将触角伸到远在西边的美洲大陆。但是，那些地区都是贫瘠的地区，对于一个既聪明又诚实，且希望能够比在家乡时混得好得多的年轻的维京男孩儿来说，它提供的机会不多。然而，在他们渴望的眼中，不列颠群岛（British Isles）、低地国家（Low Countries）、弗兰德斯（Flanders）以及法兰西（France）都是些充满了牛奶和鲜肉的地区，因此，他们——斯堪的纳维亚半岛和丹麦的被剥夺了继承权的群体——便前往那些可以用最少的努力而有望获得最大安逸的地区去。

当然，自从远古时代起，这种抱负就成为所有移民活动的主要动因。后来，当新来者已经积累了一定数量的财产（worldly goods）时，他们就常常会宣称他们是被迫离开老家的，其目的是为了追求更加高尚的目标，而不是为了寻求更好的房子、拥有自己的田产、获得锦衣玉食以及为他们孩子的将来谋求些许幸福的前程。我并不是在谴责他们的这种做法。在这个世界上获得成功是所有人类进步（至少是物质多样性方面的巨大进步）的开始和结束，尽管贫穷可能并非耻辱，但是可以说几乎没有人会赞同贫穷。

毫无疑问，对于中世纪早期斯堪的纳维亚半岛上的绝大多数人来说，生活就是一场对抗饥饿、寒冷、疾病、早衰和老年孤苦

基督教传教士的境遇

伶仃的长期战斗。大约在一个世纪以前，类似的境遇将成千上万的移民从瑞典、挪威和冰岛带到了我们的大陆。他们来的时候所乘坐的是运送移民船只的下等舱，他们不是乘海盗船而来的维京人（Vikings），而是和平的定居者，而且他们对我们的西部开发作出了重大贡献。然而，到9世纪和10世纪时，美国的大草原就不欢迎那些美好生活的追求者了。历史上斯堪的纳维亚人的第一次移民发生在800年到1100年之间。那不是（正如我们有时所怀疑的那样）一场迟到的大移民运动的结果——所谓的"移民时代"（Volkwanderung）——当时所有的北欧以及东欧的部落趁罗马超级大国灭亡之机，试图尽可能多地抢占南部这些气候温暖的地区，并将这些领土置于他们的控制之下。

北欧的蛮荒之地

一千年前，古代斯堪的纳维亚人（Norsemen）的移民运动和19世纪六七十年代的移民运动还有另一个不同。近期的移民完全是带着和平的目的来到这里的，他们在生活中有一个共同的目标。他们希望尽可能地好好做人，而不是去割开他们邻居的喉管。另外，维京人（Vikings）大概是所有登岸的移民中最喜欢争吵的群体，他们中有几家很有前途的殖民地商业投机公司过早地破产了，其原因是几个首领或者他们的老婆，或者是他们的朋友不能互相忍让，而且由于心术不正，或者由于嫉妒心，或者是由于某种其他的自私的动机，他们相互间争斗不已，直到所有的人都同归于尽。

他们是极端的个人主义者，偶尔有几个强有力的统治者试图建立某种囊括至少几百平方英里的领土的中央集权的国家，但持续的时间都不长。在北部，常常是家族与家族之间开战，直到经过很多世纪的尝试与失败（主要是失败）之后，而且当时在从西欧的封建主那里学到了很多知识的情况下，古代斯堪的纳维亚人（Norsemen）才最终在法兰西（France）和英格兰（England）建立起了他们自己的王国。但是，在我正在谈起的中世纪早期，他们在国家建设这种高难度的技术方面没有显示出什么天赋。对于他们来说，人不为己、天诛地灭是不变的真理。当然，在这种情况下，最倒霉的是失败者，他们内部的失败者尚且要遭受痛苦，更何况那些常常遭受维京人（Vikings）攻击和抢劫的、缺乏抵抗能力的国家呢？

最后，人们感觉到的确应该采取一些措施来制止持续不断的盗匪行为。就是在那时，那些遭受北方人蹂躏最严重的国家制订了我

　　对于他们来说，"人不为己，天诛地灭"是不变的真理。当然，在这种情况下，最倒霉的是失败者，他们内部的失败者尚且要遭受痛苦，更何况那些常常遭受维京人攻击和抢劫的、缺乏抵抗能力的国家呢？

刚才提到的那个聪明计划，这个计划要粉碎他们的压迫者的一些暴力，其方式是尽力将他们引入基督教会的精神王国。刚开始时，人们对这种试验寄予了厚望。他们欣喜地发现，那些最早派到斯堪的纳维亚的传教士不但没有被杀掉，而且实际上还被允许建造自己的教堂，其地点就在瑞典国土的核心地带。当基督教传教士们的新上帝被认为是入侵者，当旧上帝的支持者为了避免失去对人们的控制权从而展开反攻时，基督教传教士的境遇常常是非常糟糕。然而，斯堪的纳维亚的诸神们都非常非常的古老，而且他们早已失去了对整个社会的控制力。也许除了一些老人，以及那些靠在庙堂和圣地进行献祭来谋生的牧师外，没有人再把他们当回事了。

然而，民众似乎很愿意倾听新的造访者的声音——那些新的"魔法师们"告诉他们，已经遇害的上帝已从坟墓里复活，他可能要永远地主宰天国，天国就是那些贫苦农民和渔民在年老时梦想进入的天堂，那时，所有的人都会因风湿病而蜷曲着身体，因生活中无尽的辛劳而筋疲力尽，他们坐在壁炉前，等待着大限的到来。同样，年轻人也发现在这个新的上帝中有很多东西对他们具有吸引力——这些东西以一种循循善诱的方式灌输给他们。在英格兰有一种说法，那就是这种新的神灵能够给那些相信他的人提供更好的保护，如果这种说法是真实的话，那么为什么不做出明智之举，给这个威力无比的上帝一个机会呢？于是，他们倾尽其没有经过严格训练的脑力，认真聆听，并打算静静地坐在一旁等待结果。他们对这些事情并非真正具有浓厚的兴趣，据我们所知，在早期基督教传教士向这些异教徒宣讲教义期间，他们中没有一个人被杀害，其原因可能就在于此。

　　大约一个世纪以后，首批基督教传教士们似乎已经从瑞典传教地撤了回来。我们不知道是什么原因使他们放弃了对精神的追求，我们也不知道，在一百年左右以后，是什么使他们又一次改变了主意，并回到斯堪的纳维亚半岛，继续他们的先辈未竟的事业。瑞典人是作为异教徒进入中世纪的，而当他们走出这一时期时是以基督徒的面目出现的。

03 往东去呀

对于这个主题，我要专门写一章，因为它是重大的有关历史的"如果"之一。如果瑞典人的人口数量足够多，不仅在斯堪的纳维亚半岛建立了自己的王国，而且在从维斯瓦河（Vistula）延伸到乌拉尔山脉（Ural Mountains）的大平原（the great plain）上也建立了自己的王国的话，那么毫无疑问，最近六百年的整个欧洲大陆的历史就会是另一番样子。因为那时斯拉夫人（Slavs）可能真正会被欧化，而不是处于那些亚洲军队的摆布之下，那些亚洲军队使他们变成了西方各国中的一个外来元素——这一元素与我们自己的思维方式是如此不同，以至于我们从来没有充分认识到要了解它，而且反过来，它也完全不了解我们。

当然，我知道，所有对有关历史的"如果"的讨论，的确是一种对时间的可悲的浪费，因为"如果"一词预设了某事应该发生但却没有发生，而无论是自然界还是历史都不会对没有发生的事情感兴趣。它们只对事实有兴趣，事实是，在过去的一千年时间里，瑞典人两次都没有能将俄罗斯人赶出欧洲，事情就是这么简单，没有必要操心如果情况稍有不同时可能会发生的事情。

如果9世纪的瑞典人足够富裕，把俄罗斯平原变成一种瑞典腹地的话（但是他们的人数无疑太少了），那么现在的欧洲将会远达乌拉尔山脉了，而且我们又将可能免去很多猜测了。

　　然而，对于普通人来说，非常具有吸引力的是讨论那些在事情稍有不同的情况下可能会发生的事情。在很多人看来，在第二次世界大战的末期，苏联（Russia）看起来很有可能会主宰从黑海（Black Sea）到大西洋沿岸之间的整个欧洲大陆。如果瑞典国王查尔斯十二世（King Charles Ⅶ）不是那么一个英雄人物，而是一个多一点常识的普通人，那么毫无疑问他就能阻止俄罗斯的彼得（Peter of Russia）将他那小小的、被陆地所包围的莫斯科公国（Muscovite principality）发展成一个大帝国，而且还有可能使这个大陆的其余地区免于动荡。

　　然而，我们可以向前回溯很多世纪，并发现了与这同一个问题相关的另一个"如果"，而这个"如果"又产生出了同样多的疑问。如果9世纪的瑞典人足够富裕，把俄罗斯平原变成一种瑞典腹地的话（但是他们的人数无疑太少了），那么现在的欧洲将会远达乌拉尔山脉（Ural Mountains）了，而且我们又将可能免去很多猜测了。

　　当然，你可能会提出反对意见说，我所说的这一切都是出于我自己的视角，而且你可能会完全正确。但是，毕竟历史学家的工作就是试图弄清楚哪些例外是没有意义的，或者解释哪些例外是行不通的。但是历史学家在试图弄"懂"他所论述的事情过程中所采用的方式，总是依赖于他自己的观点、背景、信仰、成见，甚至是他在音乐和食品方面的偏好。如若不然，他就会像一只没有舵的船，不可能很快地有所进展。因此，我试图按照我自己独特的看待生活的方式，来理解过去所发生的事情。

▶ 瑞典国王查尔斯十二世

　　在上一章我已向你讲过，中世纪所有的斯堪的纳维亚人向欧洲的几乎每个海岸甚至是美洲所发动的军事远征，对于那些年纪较小的儿子们来说，是一次次真正大规模的移民运动，他们在家乡没有立锥之地，不得不做出的选择，要么待在那儿饿死，要么远走海外并在那些当地居民抵抗力最弱的某个地方争得一小块属于自己的土地。这个地方的空间要足够的大，而且杀死当地居民就像杀死兔子一样容易，这种地方不仅存在，而且就位于波罗的海对岸，离瑞典海岸仅有几天的路程之遥。

　　关于第一个千年的瑞典历史，我们的文献资料非常少，然而，奇怪的是，关于这一点，我们却了解得非常之多——我所指的是中世纪瑞典的海盗头子们是如何碰巧到达俄罗斯的问题。我们在古俄罗斯编年史的某个段落中找到了这方面的资料，该编年史写于12世纪初年，作者是德高望重的内斯特（Nestor），他是一位来自古老且神圣的城市基辅（Kiev）的俄罗斯僧人。他写道：

9世纪中期——大约859年——瑞典人【他称他们是维伦人（Varingians），该称呼来自瑞典词维伦加（varingar），意思是维京人首领的跟随者】在波罗的海东海岸登陆，但是，几年之后，他们又被赶跑了。然后，当地人试图实行自我统治，但是他们统治得很糟糕。各个部落间相互仇杀，秩序大乱。因此，人们就互相质问："我们为什么不寻找一位强壮而又贤明的国君来管理我们呢？"于是，他们就漂洋过海来到罗斯人的土地（land of Russ）上，并对瑞典人的首领们说："我们的土地大而且肥沃，但是那里却没有秩序。请过来统治我们吧。"

顺便说一下，这里需要给予当时首次使用的Russ一词一点解释，因为最初它并不表示俄罗斯人，而是表示瑞典人。这就是这种古怪的变化发生的过程。

当斯拉夫部落开始与来自波罗的海另一边的人们进行接触时，给斯拉夫人印象最深的是这些人在驾驭将他们运送过海的船只方面的能力。那些船只虽然有风帆，但它们主要是依靠其桨手的力量来提供动力。桨手在瑞典语中是"橹达"（roddar），瑞典海岸村庄的居民被分成一个个的橹达或者桨手团体，或者用瑞典语说，就是桨手队。由此在斯拉夫人中形成了一种习惯，那就是称呼来自卢狄

（Rudi）地区的人为罗得斯（Rods），或者劳地（Rautii），或者罗斯拉根（Roslagen），在瑞典语中也仍然这样称呼。斯拉夫人将这一名称改为罗斯加（Rossija），从此以后罗斯加（Rossija）这个名称就保留了下来。现在当听到这个词时，没有人会想到瑞典人，而想到的只是那些最初被罗斯人（Russ-men）或者俄罗斯人所征服的人，即中世纪早期著名的桨手们。

当然，舵手们侧耳倾听了如此热情的请求他们来统治一些中世纪最富饶的粮食产地的邀请。三兄弟急忙出手相助，他们按要求对他们的斯拉夫邻居进行了公正且贤明的统治。三兄弟中最年长的名叫卢瑞克（Rurik），他在伊尔门湖（Lake of Ilmen）附近定居下来，在那里他将诺夫哥罗德城（city of Novgorod）（新城）（New Town）定为首都。在他的弟兄们死后，他也得到了他们的公国，而且不久，他和他的子孙后代就可以扩张他们的地盘，他们向南扩张得如此之远以至于将基辅（Kiev）城变成了他们的国都。

与此同时，来自瑞典沿岸的其他有进取心的移民们也渡过了波罗的海，并寻找属于他们自己的小块土地。这对他们来说是很容易做到的，因为他们的船只很浅，他们几乎能够在任何河流里航行，而且他们的船只也很轻便，他们可以将这些船只从那些流入波罗的海的河流用拖或者扛的方式运到那些向南流并流入黑海（Black Sea）的河流中。就这样，一条固定的水上贸易通道在波罗的海与黑海之间建立起来了，据我们所知，这两地之间的大多数河流上的大瀑布和陆上运输线都是用瑞典语命名的。

　　当斯拉夫部落开始与来自波罗的海另一边的人们进行接触时，给斯拉夫人印象最深的是这些人在驾驭将他们运送过海的船只方面的能力。

不久，在罗马帝国东半部【实际上，到现在为止，它所留下的以及为世界上其他地方所熟知的是拜占庭帝国（the Byzantine Empire）】的首都君士坦丁堡（Constantinople）的人们熟知了这些维伦人（Varingians），也对他们产生了恐惧。因为面对这些来自北方的金发碧眼的巨人，拜占庭人不是对手，他们使自己的城市免遭强占和劫掠的唯一办法是收买这些最不受欢迎的入侵者，雇用他们来当兵，并给予他们各种商业好处，只要他们给他们不情愿的主人以安宁就行。

这些拿斧头的野蛮人很快就证明他们自己是优秀的战士，因此他们被任命为拜占庭皇帝们的宫廷侍卫。后来，形成了一个固定的惯例，那就是他们要在一支希腊军队（当然，因为拜占庭文明已不再是罗马文明，而是变成了希腊文明）中至少服役几年，这样瑞典法律（瑞典人始终是擅长制定法律的种族）就不得不给予这些在拜占庭军团中服役的成员一些关照，并制定了当一个人的继承人之一碰巧在希腊时，该如何处理这个人的财产的法规。

当我们得知4万多枚原产于拜占庭和阿拉伯的硬币逐渐在瑞典的土地上被发掘出来的时候，我们就了解了这些瑞典雇佣军所带回来的钱的数量。

但是，那时，瑞典人不仅受他们为之服兵役的人们的文化的影响，而且也受被他们所征服的人们的文化的影响。俄罗斯中部的俄罗斯人早已皈依基督教（是拜占庭僧人促成了这种皈依，这就是为什么俄罗斯人成为希腊天主教徒而不是罗马天主教徒的原因），而且现在各个不同的斯拉夫公国的瑞典统治者们接受了基督教信仰，这样就产生了一个奇怪的结果：早在瑞典本身变成基督教国家之前，那些移居海外的瑞典人已经皈依了基督教。

这样，地中海的高级文明通过许多方式在北方产生了影响。很多被我们看作是基本的、典型的属于北欧人的中世纪故事（比如忧郁的丹麦王子哈姆雷特的故事），实际上是来自东方。

但同时，另一种影响已经产生，对斯堪的纳维亚的人们来说，这种影响将更加深远。

622年，从麦加（Mecca）逃到麦地那（Medina）的穆罕默德（Mohammed）确立了其作为一种新的信仰的先知的地位，尽管这种信仰在很多方面和基督教信仰是一样的，但是，它却将成为基督教世界最大的威胁。12年后，阿拉伯沙漠的斗士们为了"唯一的真神"（only true God）开始征服整个世界。他们取得了极大的成功，因为唯一能够对他们有所抵抗的罗马军团已不复存在了。

在不到75年的时间里，阿拉伯人已经侵占了整个北非。在不到一个世纪的时间里，他们已经摧毁了在西班牙的西哥特王国（kingdom of the Visigoths）。刚好在伊斯兰教纪元（Hegira）（穆罕默德从麦加逃到麦地那）100年后，他们已经占领了法兰西的心脏地带，如果不是伟大的法兰克国王查理·马特（Charles Martel）的阻挠，他们可能已经占领了整个欧洲大陆。

在近东（Near East）、在小亚细亚（Asia Minor）以及地中海的东部沿岸，他们完全控制了局势，拜占庭帝国（Byzantine Empire）被压缩成了一个被无数伊斯兰教徒完全包围的基督教小岛。这就意味着通过地中海将亚洲与西欧连接起来的古老的贸易通道已不能再使用了。伊斯兰教徒们对于促进这种贸易没有兴趣（他们对任何贸易都没有兴趣），中世纪利润极高的香料贸易完全停顿下来。但是，当一种商业在将近一千年的时间里已经成为多数人的一种财富源泉时，那么除非再发一场大洪水，否则没有什么力量能阻止这种商业。因此，这个古老的香料通道弯了又弯，直到最后他们找到了东方和西欧之间新的交流通道。那些贸易通道是一些驼商队之路，这些商队不是将他们的货物运到地中海的诸城市，而是将货物运到俄罗斯南部的各城镇，然后，这些货物又从那些地方被运到波兰（Poland）和奥地利（Austria），然后，再运送到东部的（奥地利的）堡垒，这个堡垒是北欧的德国人为阻止蛮族大规模入侵而建立起来的，这些蛮族来自斯拉夫大平原，这个大平原数百年来处于鞑靼人（Tartars）的统治之下。

现在，好像（尽管我们关于10、11、12世纪时期的瑞典历史资料非常缺乏）居住在俄罗斯各处的维伦人（Varingians）、瑞典人在这些东方贸易路线的发展中起了不小的作用。当时，俄罗斯与地中海的直接联系被切断，他们拼命地向北探索新的出口。今天你只要参观一下哥得兰岛（Island of Gotland）这个离瑞典大陆约60英里的、波罗的海最大的岛屿，你就可以亲眼看到这种东方贸易所占的份额。它是贸易路线的西部终点站，该贸易路线从那里到俄罗斯东部的诺夫哥罗德（Novgorod），再从那里直通亚洲。

　　伊斯兰教徒们对于促进这种贸易没有兴趣（他们对任何贸易都没有兴趣），中世纪利润极高的香料贸易完全停顿下来。但是，当一种商业在将近一千年的时间里已经成为多数人的一种财富源泉时，那么除非再发一场大洪水，否则没有什么力量能阻止这种商业。

在12世纪以前，这个岛屿完全处于斯堪的纳维亚大陆【这个名字暴露了其哥塔兰（Gataland）人的定居地的起源】人的控制之下。此后，其贸易占了如此大的比例，以至于汉萨同盟（Hanseatic League）（一个巨大的然而却组织松散的贸易同盟，其建立的目的是为了在德国北部诸城市与各低地国家之间进行相互保护）决定抢夺其份额，其结果是小镇吕贝克（Lübeck）迅速地成为波罗的海地区最强大的商业同业公会城市（Hanseatic city），不久就远远超过了维斯比（Visby）这座哥得兰岛（Gotland）的港口城市。后来，吕贝克卷入了与丹麦人（Danes）的战争。1361年，维斯比（Visby）遭到丹麦人的进攻，出乎所有人意料之外的是【该城市被认为是仅次于卢森堡（Luxemburg）的、欧洲最坚固的城市】，它被攻占并且遭到洗劫。

此后，这个有趣的岛屿变成了波罗的海海盗的隐匿处，直到1645年，该岛才被完全并入瑞典王国（Kingdom of Sweden）。

关于什么时候瑞典人终止对俄罗斯人的影响，我不可能给你一个确切的时间。但是，我偶尔在冰岛的一则传奇故事中所读到的一个名字，突然使我意识到当时的斯韦阿兰人（Svealanders）在东方所起的作用在当代人的脑海中所留下的印象是多么深刻。作者称俄罗斯人为"伟大的斯维求德人（Great Svitjod）"或者"伟大的瑞典人（Great Sweden）"！唉，这种同化的计划太过于宏伟了。但是，该计划失败的直接原因并非源于瑞典人自己的过错。他们是被"他们所不能控制的环境所打败"的，就好像在你签合同的那一刹那，保险公司预测你所不知道的各种各样的事情那样。

小镇吕贝克迅速地成为波罗的海地区最强大的商业同业公会城市，不久就远远超过了维斯比这座哥得兰岛的港口城市。

　　1206年，蒙古人的一支不起眼的部落选出了新首领，该部落居住在远离亚洲东部（在波罗兄弟半个世纪以后来到中国之前，欧洲人对这个地区一无所知）的黑龙江沿岸。该首领的父亲刚刚打败了一个名叫铁木真（Tenuchin，我觉得原文中的Tenuchin有错误，正确的拼写法应该是Temuchin或者Temujin）的鞑靼（Tartar）酋长，在他全胜的时候，他用他的老对手的名字来给他的儿子取名。但是，当这个儿子继承其父亲的职位后，他就采用了成吉思汗（Jenghiz Khan）或者"完全的战士"（Perfect Warrior）的称号，就这样，世界开始记住他（所用的是完全一词的极端含义），并将他看成是人类所遭受的最严重的灾祸之一，因为他和他的塔塔尔人（塔塔尔人的名字和蒙古人的名字被交替使用）是如此地凶狠残暴，在极度残忍方面，他们表现出了罕见的相同。他们摧毁一切落入其手中的东西，仅仅为了获得看到城市和村庄被焚烧的愉悦。他们杀戮，仅仅是为了得到杀戮的快感，就是他们这些塔塔尔人用人来做建筑材料，在暴行的王国里树立了一个新的极高点（all-high）。他们常常将受害人放在两墙之间，然后向他们倾倒混凝土，直到他们成为砖石建筑的一部分。

　　在侵占了整个亚洲和印度北部之后，鞑靼人（Tartars）又向西移动。他们征服了俄罗斯和波兰，并在1241年的维耳斯达特战役（battle of Wahlstatt）中打败了德国人，要不是在最后关头波希米亚的文策尔大帝（great King Wenzel of Bohemia）将他们击退的话，可能他们已经占领了欧洲的其余部分了。于是，他们中的一些部落就在俄罗斯平原定居下来，直到1480年以前，他们一直待在那里。

200个世纪的塔塔尔人的统治，其屈辱是无法言表的，它在塑造俄罗斯人的奴性性格过程中起了重要作用，罗曼诺夫王朝（the Romanovs）十分巧妙地利用这种奴性来为自己服务，以至于他们将俄罗斯人置于自己的奴役之下，这种奴役直到我们这个时代过了很久以后才告结束。

但是还是让我们顺原路返回——现在俄罗斯已经成为一个亚洲帝国的一部分，这个亚洲帝国从中国海（China Sea）一路延伸到第聂伯河（Dneiper River），瑞典人不再有任何机会在东亚的斯拉夫诸部落中建立自己小小的领地了。这就是为什么冰岛的传奇故事"伟大的瑞典"（Great Sweden）消失的原因。然而，即使没有塔塔尔人的入侵，瑞典人也将注定要灭亡。他们没有足够的人口来维持存续。他们被淹没在斯拉夫人的汪洋大海之中，失去了他们的特性。他们娶斯拉夫女人为妻，他们的孩子成长为俄罗斯人，从而丧失了他们所有的瑞典血统意识。即使如此，其族长现在成为莫斯科大公（grand Prince of Moscow）（这要感谢塔塔尔人的最高统治者们）的卢瑞克家族仍存续到了1598年。后来该家族就慢慢消亡，在经历了十年内战之后，该家族的位置由罗曼诺夫家族（family of the Romanovs）所取代，这也许没有什么不好，因为伊凡雷帝（Ivan the Terrible）虽然不是一个十分高尚或者令人鼓舞的人物，但是却也是一个卢瑞克（Rurik）家族的人。

伊凡的儿子（古老的瑞典部落的最后一个人）死后，莫斯科的

　　在1605年鲍里斯去世以及他的小儿子遭到谋杀之后，发生了短时期的内战，在此期间，有一派试图通过瑞典的武装干涉来帮助他们获取王位。于是，瑞典便漂洋过海前往俄罗斯人的土地。

王位被他的姐夫鲍里斯·戈杜诺夫（Boris Godunoff）所窃取，这个鲍里斯·戈杜诺夫（Boris Godunoff）根本不像你在穆索尔斯基（Moussorgsky）著名的戏剧中所看到的那个鲍里斯·戈杜诺夫。首先，他是一个塔塔尔人（Tartar），但是这没有妨碍他成为第一任将俄罗斯带出中世纪死气沉沉的局面并开始和西欧文明接触的沙皇（Czar）。

在1605年鲍里斯（Boris）去世以及他的小儿子遭到谋杀之后，发生了短时期的内战，在此期间，有一派试图通过瑞典的武装干涉来帮助他们获取王位。最后，在1613年，罗曼诺夫（Romanov）当地家族中的一员被选为莫斯科的沙皇。但是，他甚至连瑞典卢瑞克（Rurik）的远亲都算不上。他的家族属于古老的德国血统。

历史是如此地引人入胜，那么人们为什么偏要读小说呢？这里有欧洲人口最稠密的国家，该国家要等到我们这个时代才能拥有一个属于它自己血统的统治者。即使是约瑟夫·维萨里奥诺维奇·朱加什维利（Josaf Vissarionovitch Dzhugashvili）（我们的斯大林）也不是斯拉夫血统。他是一个来自高加索（Caucasus）的格鲁吉亚人（Georgian）。接下来是什么呢？

他们按要求对他们的斯拉夫邻居进行了公正且贤明的统治。

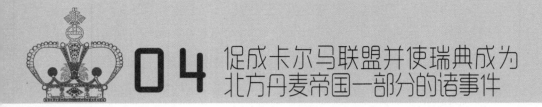

04 促成卡尔马联盟并使瑞典成为北方丹麦帝国一部分的诸事件

我似乎已经是离题万里了，然而跑题的不是我而是历史，历史似乎极不喜欢沿着一条整齐且笔直的路线行进，而是对古怪的旁门左道有一种抑制不住的喜好，而这些旁门左道可能导致最难以预料的结果——一个格鲁吉亚皮鞋匠的儿子成了全体俄罗斯人的独裁者；位于地中海的一个落后海岛上的一位不名一文的公证人的儿子变成了整个西欧的皇帝；一个男孩儿成为对各个时代的精神最有影响的人，这个男孩儿的养父整个儿是一个小村落里的身份卑微的木匠，该村落隐藏在巴勒斯坦（Palestine）贫瘠的山区。

所以对我要有耐心。现在我们要谈谈一个人，本书的主人公古斯塔夫·瓦萨（Gustavus Vasa），然而，他的冒险经历将会显示出完全的自相矛盾，以至于如果你在某本小说中读过关于他的故事，你就会说："作者是在异想天开呀，这样的事情是不可能发生的。"

然而，它们确实发生了，正如我现在要给你讲的那样。

如果关于中世纪早期瑞典人的故事我们讲得过于简

使自己的城市免遭抢劫的唯一办法是收买那些最不受欢迎的入侵者。

单的话，那是因为关于发生在这个北方国家的事情我们的确知道得很少，因为直到11世纪基督教才在瑞典牢牢确立起来，而在基督教传教士出现在那里之前，对于那里所发生的事情没有人能够写出可信的编年史。

瑞典人一旦和欧洲文明开始有所接触，他们就发明了属于他们自己的一些书写符号。那就是所谓的如尼文字系统（runic system），该文字系统起源于南方，我们所发现的这种文字系统的样本可以追溯到3世纪。该系统最初由16个字符组成，后来增加到24个，而且从俄罗斯到法国西部和英格兰，在欧洲我们到处都可以找到如尼文字的铭文。哥特人（Goths）在穿过欧洲南部的长途旅行中似乎学会了这种如尼文字的书写方式，那时，他们每天都接触希腊和罗马文字，罗马人反过来又从古腓尼基人（old Phoenician）那里获得了他们的字母，并在其中混入了伊特鲁里亚人（Etruscan）的字母，使之更适宜日常使用。

现在，这些如尼文字已经不用于文学写作了，因为哥特人（Goths）离当初他们尝试各种文学表达的时期已经有很多世纪了。然而，他们需要某些符号，他们将这些符号刻在标志物上，以告诉人们这个人的牧场起自哪里，那个人的草地又止于何处。这样的铭文不是刻在木棒上，就是刻在石头上，这就使如尼文字具有其独特的性质，这种特性使其不太便于在纸上书写。因此，这些如尼铭文所传达给我们的关于瑞典早期历史的信息非常少。偶尔它们会告诉我们关于著名的酋长的信息，这个酋长要么在对外作战后胜利凯旋，要么是死了，他的所有在世的亲人和仆人悲痛不已。不过，瑞

　　哥特人离当初他们尝试各种文学表达的时期已经有很多世纪了。然而，他们需要某些符号，他们将这些符号刻在标志物上，以告诉人们这个人的牧场起自哪里，那个人的草地又止于何处。

典人一直得要等到被基督教化之后，他们才能在他们自己的编年史中向我们讲述他们自己的事情。

毫无疑问，如尼文字的寿命很长。在哥塔兰（Gotaland），晚至17世纪时这种文字还在使用，即使是今天，它们也没有（因此他们告诉我）完全从偏远的达拉纳（Dalarne）的农民居住区消失。但是，实际上直到瑞典人被基督教化以后，真正的拉丁文本的书写才开始，而且那也是11世纪初的事了。

我已经告诉过你，早在830年时，改变异教徒信仰的第一次尝试就开始了。那时，法兰克僧人（Frankish monks）已经向北渗透到远至梅拉湖（Lake Malar）畔。安斯加尔（Ansgar）是第一个传教士，也是一个聪明机智的人。但是，接替他的是一个缺乏这些高贵品质的人，而且当这个人开始指责瑞典人固执地信奉他们邪恶的古老的神灵时，他的教堂被毁坏了，他本人也被驱逐出国。因此，安斯加尔（Ansgar）又回来了，一切从头开始，并取得了同样令人振奋的成果。但是在他死后，这种使命又一次陷入停顿，直到一个半世纪以后，才开始了促使瑞典人皈依基督教的第二次尝试。

这一次传教任务交给了英国的僧人。他们发现自从安斯加尔（Ansgar）时代以后，情况已大为改变。因为很多瑞典人已经住在俄罗斯或者已经访问过欧洲大陆，他们已经注意到了宗教制度的实际效果，这种宗教制度给信徒们提供一种民事服务，无论男女都能够阅读、书写以及记录账目、进行出生和死亡情况的登记，他们居住在远离闹市的属于自己的教会里，寺院和修道院里成为他们能够照料病人、老人、孤儿以及教会那些聪明的孩子读书写字的地方。

　　早在830年时，改变异教徒信仰的第一次尝试就开始了。那时，法兰克僧人已经向北渗透到远至梅拉伦湖畔。安斯加尔是第一个传教士，也是一个聪明机智的人。

有几个瑞典的旅行者在他们娶基督徒妇女做妻子时还接受了洗礼，而且在返回祖国后，他们还希望基督教牧师和基督教的教师来照料他们及其家人。

这样，早在基督教会被广大民众所广泛熟知之前，许多瑞典城市就有了基督教的社区。因此，当英国传教士在11世纪初露面时，他们发现大量的初步工作已经完成。田地已经被开垦。该由他们来播种了，他们将这项工作进行得如此巧妙，以至于瑞典人在接受基督教信仰时没有出现任何以前在转变异教徒信仰过程中经常发生的暴力行为。这些早期的传教士是些实事求是的人，他们小心翼翼，不强人所难。几千年来，古老的瑞典人一直崇拜他们自己的神，这些神灵已经完全融入到了他们的生活和思维方式中。比如，在乌普萨拉（Uppsala）附近的地区，在自从远古以来就举行崇拜仪式的最神圣的圣地上，他们已经习惯了每年春天抬着弗雷（Freyr）的像庄重地围绕田野游行，以确保好的收成。新来的人还保持着古老的游行的习俗，但是农民们现在所抬的不是弗雷（Freyr）的像，而是圣埃里克（St. Erik）的像，圣埃里克是一个国王，他曾在宣扬基督教的理想方面做了大量的工作，在他死后的1160年左右，他被授予圣徒称号。

就这样，一种已经确立的习俗在人们的思想中不知不觉地延续着，古老的神灵慢慢地被更新的基督教圣人所取代，这一过程进行得如此自然、如此缓慢，以至于没有人的感情受到伤害，最后，所有的人都忘却了这一过程是如何发生的。

你们自己也许有时会产生这样的疑问：为什么圣尼古拉斯

（Saint Nicholas）会是这样一位留着长长的白胡须的高贵的老人？他为什么会驾驶一个由驯鹿拉着的雪橇？据我们所知（但是我们对这个问题的了解是十分确定的），原来他不是别人，而是斯堪的纳维亚瓦尔哈拉殿（Valhalla）的大神托尔（Thor），他变成了一个基督教圣徒。后来，他被看成是来自小亚（Asia Minor）的仁慈的主教，因其对孩子的慈爱而闻名于世。

还有其他的一些例子，但是此刻，只要记住在13世纪到来的时候瑞典的大多数地区已经接受基督教为国教就足够了。在交通不便的山区各地，一些家族中仍然信奉古老的神灵。但是绝大多数人已经默默地把这种新的信仰看成是更好的信仰，在雷夫·埃里克森（Leif Ericksson）登陆美洲大陆200年后，瑞典已经成为一个基督教国家。

我遗憾地告诉你，尽管有早期的传教士热情鼓吹，然而这种强调人应该爱邻居如兄弟的新教义，在许多方面也没有得到忠实的遵守。现在瑞典人尽管放弃了他们早期的那些不那么令人愉快的习惯和风俗，但是，他们和以前当异教徒时没有多大的变化，比如说，他们仍继续像往常那样互相之间激烈争吵。

这种不稳定的局面产生的原因主要是由于缺乏强大的中央集权政府。这种强大中央集权的政府的缺失反过来是由于这样一个事实：尽管国王照样被选出，但他们的候选人只能是世袭的王室家族成员。所有的自由人都有权参加选举，但是，在这样一个独立和个性化意识高度发展的国度里，这种"王室的选举大会"比我们自己国家的总统选举大会要差很多。然而，在美国，一旦大会宣布某个候选人获胜，那么失败者就会接受这样一种选择，并且决不再（很少有例外）梦想着竞选他们自己那一方的另一个候选人，而12、13世纪的瑞典人没有民族精神，一个国王的选出往往意味着他首先不得不在战争中打败诸多对手。

这样就导致了无休止的争斗和激烈的仇杀，这极大地削弱了这个国家，这样一个不可避免的结果是，这些相互间不断争吵的狂暴的瑞典人成为一个组织严密得多的"控股公司"（holding company）的一部分，这个"控股公司"是由丹麦国王掌管的。

我所用的是现代词语，这些词语对于波美拉尼亚的埃里克（Erik of Pomerania）王时代的人来说几乎没有或者根本没有意义，波美拉尼亚的埃里克（Erik of Pomerania）是丹麦和挪威的前女王玛格丽特（Queen Margaret）的外孙，他在1389年被选为挪威国王。1395年他登上丹麦王位，1396年又登上了瑞典王位，最后，他在1397年6月17日召开的卡尔马会议（Diet of Kalmar）上被公认为这三个斯堪的纳维亚国家的国王。

这种中世纪的，或者更确切地说，封建的思维，是我们这些20世纪的人很难理解的。我们已习惯于看到一个个王朝被扔出窗外，其漠不关心的程度就好像我们得知某个大的商业公司所发生的人事变动一样，而封建的思维对于"世袭种族"（hereditary peoples）的重视程度远远超过我们。在看着即将离任的总统和副总统的照片，以及那些继任者的照片时，我们会说，"噢，是的"，除了一丝惊讶或者遗憾的表情外，我们大多数人都不会留意。我推断可能需要进行某种变革，变革进行了，那么国家就继续存在。但是，直到法国大革命（French Revolution）的时代，这种运用于国家政府的对"世袭种族"的敬重仍然深深地扎根于普遍公民的生活哲学中，他会高高兴兴地承受战争、饥饿以及瘟疫之苦，而不会提出一种不是百分之百按照他所认为的正统的处事方式来行事的方案。随这种对正统的情感而来的，是他在面对那些他认为是神加在他身上的东西时所产生了一种敬畏之感，而这是我们的思维方式中完全缺少的。

在饥饿且愤怒的巴黎人民前往凡尔赛（Versailles）去要求面包之后，法国大革命中的一个最非同寻常的事件发生了，在我看来，这终究是一个非常合理的事情。在王宫前面进行了声势浩大的示威，以及表明他们是动真格的（当群众开始用长矛戳着公务人员的头颅到处走动时，这常常就意味着动真格的了）后，一支

他们将俄罗斯人置于自己的奴役之下，其导致的屈辱是无法言表的。

拿破仑·波拿马

他们是正统的，并有正义之神（Right Divine）的主宰，而我是靠自己打拼取得成功的——我所取得的一切都归功于我自己的努力，而且一旦我不再成功，那么我就完了。

——拿破仑

由来自贫民窟的男女组成的代表团终于被允许面见国王（Royal Presence）。但是，当他们一旦与国王（一个和蔼可亲且无缚鸡之力的人，他之所以失去生命和王位，是因为他真的连一只苍蝇也不会伤害）面对面的时候，申诉委员会（Committee of Grievances）的发言人昏倒了。当他终于见到了世袭的君主时，他神魂颠倒、晕倒并死去了。

当政治暴发户拿破仑（Napoleon）说他不能承担自己被打败的代价时，他就认识到了这一点。"其他人可以这样做"，他说这话的时候，所指的是被他所取代的波旁王室（Bourbons）。"他们是'正统的'，并有正义之神（Right Divine）的主宰，而我是靠自己打拼取得成功的——我所取得的一切都归功于我自己的努力，而且一旦我不再成功，那么我就完了"。

我之所以强调这一点，就是要你明白，为什么"瑞典的联邦主义者们"（Unionists in Sweden）会是完全忠心耿耿的瑞典人，他们真心地热爱生养他们的土地，同时，他们坚信他们的卡尔马联盟（Union of Kalmar），而这个联盟如果不是在理论上，那么也是在实际上使他们的国家成为小小的丹麦国家的一个政治附庸。但是，要记住，当瑞典人接受卡尔马联盟（Union of Kalmar）时，他们自己的国家比当时也统治了今天瑞典南部大部分地区的丹麦小得多，还要记住，直到1658年，或者说哈佛大学建校22年后，斯科讷（Skane）才成为瑞典的领土。

但是从本能上说，我们更同情那些相信瑞典为瑞典人服务的原则的爱国者们。他们不会用那种方式表达这种思想，因为那是一种现代的表达方式，它和严格意义上的民族主义的发展紧密相连，狭义上的民族主义是法国大革命（French Revolution）后所产生的新生事物。同样，它惹恼了这些不得不听命于外国官僚的爱国者们，这些外国官僚说的是外语，对当地的法律，对瑞典国内的习惯和风俗都不熟悉，而且，这些爱国者们的不满常常以公开的反抗形式表现出来。

在反抗丹麦人霸权的那些起义中，最著名的是瑞典民众的英雄恩厄尔布雷克特·恩厄尔布雷克特松（Engelbrekt Engelbrektsson）所领导的起义，恩厄尔布雷克特松是他那个时代最有能力的人物之一。虽然他是一个达拉纳（Dalarne）（瑞典的古老的农民堡垒，而且在很多方面是国家的真正中心）的公民，但是他不是农民血统，而是属于矿工家庭出身。现在凑巧的是，代表丹麦国王陛下在瑞典的这一地区行使职权的地方长官特别喜欢压迫人。他的残暴行径导致革命爆发，因此，恩厄尔布雷克特（Engelbrekt）跑到哥本哈根（Copenhagen）去请求国王进行干预。国王陛下要求瑞典议会调查此事。议会发现恩厄尔布雷克特的所有指控都是事实，于是就向国王做了汇报。但是，由于国王陛下像往常一样因自己的私事（扩大在德国腹地的征服范围）而忙得不可开交，此事就不了了之，结果在1434年仲夏，达拉纳（Dalarne）的农民发起了暴动。其他的省份也起而效仿，叛乱者取得了很大的胜利，不久，除了几个坚固的城市外，在瑞典其他地方的丹麦人都被驱除出去了。于是，恩厄尔布雷克特以古老的日耳曼部落的民主原则为基础，成功地建立起了一个新型政府，古老的日耳曼部落相信坚强的领导，但是这个领导必须由部落的自由人选定。

　　1435年1月，在阿尔博加城（city of Arboga），首届瑞典国会——或者王国会议——召开，要不是由于大地主的嫉妒心，这次会议可能已经导致瑞典的独立了，大地主十分害怕那些小城市里的农民、矿工、工匠势力的上升。本来这个会议至少可以达成妥协，这样就可以将丹麦国王的作用削弱到只充当一个装饰品的程度，就可以使瑞典获得实质上的独立。然而，在1436年4月，恩厄尔布雷克特（Engelbrekt）被一个贵族的儿子设计阴谋杀害了，他和这个贵族曾

　　在1434年仲夏，达拉纳（Dalarne）的农民发起了暴动。其他的省份也起而效仿，叛乱者取得了很大的胜利，不久，除了几个坚固的城市外，在瑞典其他地方的丹麦人都被驱除出去了。

恩厄尔布雷克特被杀案是典型的目光短浅的利己主义思想膨胀的结果——这种情感是，当涉及你自己的家族或者阶级的事情发生时，你就会完全凌驾于法律之上，并一定要为你所认定的冤屈复仇，而不顾及所有其他方面。

经有仇。

恩厄尔布雷克特（Engelbrekt）被杀案是典型的目光短浅的利己主义思想膨胀的结果——这种情感是，当涉及你自己的家族或者阶级的事情发生时，你就会完全凌驾于法律之上，并一定要为你所认定的冤屈复仇，而不顾及所有其他方面——接下来我将详细介绍这起案件。

不仅中世纪的历史，而且更特别的是斯堪的纳维亚诸国家（和其他地区相比，这些国家中世纪所持续的时间更长）的历史，充满了这样可怕而且是绝对无法饶恕的事件，这些事件的发生将向你揭示我说下面这段话时的意思：夸大了的个人主义是所有北欧国家的祸根之一，它阻碍了这些国家发挥他们本应该发挥的作用，如果这些国家的国民不是这样极端固执地相信个人的权利高于整个集体权利之上的话，那么他们应该是有所作为的。

1436年春天，恩厄尔布雷克特被邀请去斯德哥尔摩，和国王的议会（一个坚决的联邦主义组织）商讨达成某种让爱国主义者和联邦主义者都满意的妥协的事宜，爱国主义者主张更大程度的独立，而联邦主义者则认为国家的出路在于与丹麦国王的更紧密的联合。此时，恩厄尔布雷克特病重，只能借助拐杖行走，他的确应该待在家里的。然而，他认识到这是一次非常重要的会议，即使是大部分路程不得不被人抬着走，他也决定要去，因为他就是这种人。为了方便起见，大部分路程都是乘船。他所必须要走的一段水路要路过一个贵族的城堡，这个贵族恩厄尔布雷克特曾经和他吵过架。为了确保行程的安全，并捐弃前嫌，恩厄尔布雷克特向他以前的仇人索要了一张自由通行证（libre passer），这是一种保证他有权安全通过耶尔马湖（Lake Hjalmar）的证件。这份证件按时发放了，恩厄尔布雷克特完全有理由认为该证件的权威性应该得到尊重。然而，就在他的船向岸边靠拢并准备扎营时，那个地主的儿子在全副武装的仆从的簇拥下来到了他的面前。

　　就在恩厄尔布雷克特的船向岸边靠拢并准备扎营时，那个地主的儿子在全副武装的仆从的簇拥下来到了他的面前。这个年轻的贵族的战斧就落在了他的头上。恩厄尔布雷克特试图用他的拐杖进行自卫，但是被这个已经发狂的儿子剁成了几块，这个儿子感到他正在为他家族的荣誉复仇。

恩厄尔布雷克特根本就没有想到他们会背信弃义，他对妻子说："这难道不很好吗？我以前的仇人派他的儿子来欢迎我，并邀请我们去他的城堡过夜。"

紧接着，这个年轻的贵族的战斧就落在了他的头上。恩厄尔布雷克特试图用他的拐杖进行自卫，但是被这个已经发狂的儿子剁成了几块，这个儿子感到他正在为他家族的荣誉复仇。

随着恩厄尔布雷克特的离世，瑞典独立运动很快就衰退下去，一切都恢复到往常的样子。这种背信弃义的行为就发生在丹麦国王埃里克（Erik）统治时期，此后不久，埃里克（Erik）就不得不逃亡到哥得兰岛（island of Gotland），在那里（和谋杀恩厄尔布雷克特的凶手一起）干起了海盗的勾当，这种营生对于一个已经娶英格兰国王亨利四世（King Henry Ⅳ of England）的女儿为妻的男人来说，是非常不值得的。这也许能满足一下我们的正义感。

但是，瑞典仍然是由卡尔马联盟（Union of Kalmar）建立起来的丹麦超级王国的一部分，而且在接下来的12年时间里，什么事也没有发生。后来，瑞典人又一次起来反叛，并选出了一个名叫卡尔·克努特松（Karl Knutsson）的人当他们的国王。挪威人也如法炮制，但是，在经过了各种派系之间无休止的争斗后，克努特松在1470年被罢黜。随后，便是斯特尔家族（the Sture family）的三个成员，老斯滕（Sten the Older）和小斯滕（Sten the Younger）成为瑞典王国的执政者，斯万特·斯特尔（Svante Sture）则在前二者之间担任了执政者。然而，他们都不能宣布他们完全从丹麦独立出来。

就这样，局势从差转向较差，又从较差转向良好，然而又从良好转向差，除了几个有权势的家族外，没有人能在这种动荡不定的局势中获得好处，这些依旧保持着他们的那种习性的权势家族，尤其擅长于浑水摸鱼。要不是在1481年7月1日，在尼堡（Nyborg）的王室城堡里，萨克森（Saxony）的克里斯蒂娜（Christina）为她的丈夫——国王汉斯（King Hans）（来自德国的奥尔登堡家族）——生了一个儿子的话，这样的局面还会再持续几个世纪。克里斯蒂娜所生的儿子取名叫克里斯蒂安（Christian），他将作为国王克里斯蒂安二世（King Christian Ⅱ）被历史所牢记（和憎恨）。他是我们的小故事中的坏人，因此，他有必要为他自己造一点声势。

05 国王克里斯蒂安上台

　　年轻的克里斯蒂安将为他自己讨得叛徒和大众的刽子手这样的恶名，这对他来说很难说是公平的。就在他开始作恶之前（而且他是一个非常小心谨慎的人，从来就不草率行事），他为他自己赢得了自由主义者以及人民的朋友的美誉。那就是——农民和小人物们的朋友，当时这两种人都非常需要有人去爱他们。因为在这个时代里，即将结束的中世纪的人们所理解的大企业最终盛行起来，而且有权有势的地主们正在快速且无情地聚敛钱财，以至于很快农民又回到了他们的起点——成为一个农奴、一种普通的地球动物。如果没有更好的猎物的话，那么这种地球动物可以被猎杀（实际上在大陆的某些地方就发生了这样的事件，比如波兰就是如此）。

　　这种土地贵族大规模聚敛钱财的过程已经持续了很长的一段时间了。这种使下层阶级贫民化并虐待他们的过程已经达到了让人再也不能忍受的程度，这从可怕的德国农民起义可以反映出来，这场农民起义发生在克里斯蒂安所生活的时代，它是各个时代因大众的愤怒而爆发的最残忍的暴动之一。农民们知道他们的目标是不可能实现的。然而，他们起而反抗，是因为他们已经沉沦得很深而不能再往下沉沦了，对他们来说，不管是因为杀死了地主而被绞死，还是因为没有给地主交齐他所要求的赋税被绞死，反正结果都是一样的。

那时，一个王子愿意保护那些无权无势的人来反对那些有权有势的人，这是一个非常罕见且令人吃惊的现象。克里斯蒂安作为人民的朋友的名声很快就传到他的王国以外的地方，西欧人以同样吃惊的目光注视着他。在我们展现他的故事时，我们发现我们的最大的富豪之一的儿子已经变成了一个劫富者。

这个年轻人之所以吸引公众的极大注意还有其他的原因。

在只有25岁的时候，克里斯蒂安当上了挪威的总督，而且他为这个仍在遭受大瘟疫蹂躏的国家做了一件非常大的好事。后来在1513年，他还被公认为丹麦的国王。

然而，瑞典王位的继承则还需要等待一段时间，因为瑞典的爱国者们（那些坚持完全独立的人）又一次采取了敌对的行动，这一次他们是在强大的斯特尔家族（他们贵族的背景为他们赢得了大地主们的支持，这些大地主认为恩厄尔布雷克特低他们一等）的领导之下，这时看起来好像瑞典获得独立的机会比以前要大些了。民族精神被普遍唤醒，此外，这种民族精神的一个表现就是瑞典第一所大学乌普萨拉大学的创立，该大学在1477年获得了教皇颁发的特许状。对外贸易和采矿的发展规模也开始比以前大得多，这个国家似乎准备开始新一轮的上扬，自从埃里克大帝（great King Erik），即现在的圣埃里克（Saint Erik）时代以后，就再也没有见到过这样的局面了。

但是，就在最终战胜丹麦人的舞台似乎已经搭好时，这些贵族所许诺的更自由、更幸福的生活又一次被从前那可恨的个人野心和敌对

　　纷争最终表现为瑞典国会的召开，该国会宣布解除特罗勒（Trolle）的高级神职，并命令拆毁他用于藏身的城堡。

情绪所打乱。斯滕·斯特尔（Sten Sture）变得太强大了，这使他的邻居不高兴。他卷入了与当地的另一个显贵家族特罗勒家族（Trolles）的纷争。这个家族的成员之一古斯塔夫·特罗勒（Gustaf Trolle）是乌普萨拉（Uppsala）的大主教，他成为那个希望和丹麦保持亲密联盟关系的党派的公认领袖。他因为私人恩怨而对斯滕·斯特尔（Sten Sture）恨之入骨，因为他认为摄政王的位置应该给予他的父亲，而不是继续传给另一个斯图尔。他还主张，作为瑞典人民的精神领袖，他的地位要高于政府世俗机构的代表。

这种纷争最终表现为瑞典国会的召开，该国会宣布解除特罗勒（Trolle）的高级神职，并命令拆毁他用于藏身的城堡。这就引起了罗马教廷（Holy See）方面的直接干预。瑞典教会首领特罗勒大主教（Archbishop Trolle）和国家的名义领袖克里斯蒂安国王（King Christian）两人都上诉到罗马，教皇停止了瑞典的宗教活动，并将那些支持斯图尔家族的人逐出教会。这是一次正义的行动，只可惜时机不佳。

事情到了这一步，克里斯蒂安直接决定采取更具有世俗性质的行动。他带领丹麦军队入侵了瑞典，但是在斯德哥尔摩附近被打败了。于是，他提议斯特尔（Sture）乘坐曾经载过他到海湾的那条船只来访问他，斯德哥尔摩就坐落在这个海湾。斯特尔（Sture）通知克里斯蒂安说他会来，但是，当他发现国王打算一旦客人踏上王室军舰，就要杀死他时，他明智地拒绝了。接着，国王说他要亲自来斯德哥尔摩，以此向他的对手证明其善意，在那里他要和斯图尔及其顾问商谈。当然，他将不得不采取一定的措施，以保证他不被戏弄。因此，他建议瑞典人给他送一定数量的人质做抵押，在国王安全回到他自己的人民

虔信上帝的主教目光既坚毅又柔和

中之前，这些人质将由丹麦人控制。

　　瑞典人认为这是一个非常公平的安排，于是，许多瑞典著名的官员和少数几个显贵家族的儿子被送到丹麦的军舰上。他们一登上军舰，克里斯蒂安国王的海军就扬起了风帆，和国王以及所有人质一起消失了。人质中有一位古斯塔夫·瓦萨（Gustavus Vasa），就在这时，我们的主人公才进入我们的故事。不过，等待他的命运是什么，或者说这个事件将如何使他在他的民族历史中起着伟大作用，他对这些还完全一无所知。

　　当年轻的古斯塔夫（Gustavus）和他的人质同伴一道被绑架到丹麦时，他还只是一个20岁出头的年轻人，一点都不出众。他来自一个非常显赫的乌普兰（Uppland）家族，在15世纪上半叶时，该家族已经参与了当地的政治。但是，该家族是联邦主义派别的支持者，而不是争取瑞典从丹麦王权下独立的斗士。但是，古斯塔夫的祖父已经和一个爱国者家族联姻，因此他就加入了斯特尔派（the Sture party），于是便生下了古斯塔夫的父亲埃里克·瓦萨（Erik Vasa）。这个年轻人在1496年（容易记住——哥伦布发现美洲四年后）的耶稣升天节（Ascension Day）那天来到这个世界上，他受到了当时的殷实家庭里的年轻人所应该受到的常规教育，这就意味着他已经学会了如何在与战争有关的男人运动中来表现自己，以及如何经营庄园。而且，也由于他比他所接触到的大多数小伙子都要聪明，因此，他产生了一种初步的对贵族文学艺术的嗜好，后来证明这是他的一笔巨大的资产。那时，他必须将一伙由当地卑鄙的蛮横之徒组成的无法无天的群体，治理成一个行为合乎礼仪且高度中央集权的王国。

在他成年以后（在中世纪一个16岁的年轻人就可以被看成是成年男人了），他就和爱国者站在一边，并且在小斯滕·斯特尔（Sten Sture the Younger）组织的几次战役中因表现勇敢而变得非常突出，从而成为人质的人选之一，以向克里斯蒂安国王保证当他去斯德哥尔摩同斯

在整个一年的时间里，年轻的古斯塔夫在远离丹麦东海岸的卡罗岛上感到无聊得要死。

于是，克里斯蒂安提议斯图尔乘坐那条曾经运送他本人到斯德哥尔摩的船来访问他。

特尔（Sture）会晤时不会受到欺骗。我刚才已经告诉过你的这个会晤根本就是子虚乌有。

在整个一年的时间里，年轻的古斯塔夫在远离丹麦东海岸的卡罗岛（island of Kala）上感到无聊得要死。后来，他感到忍无可忍了，于是就逃到了德国城市吕贝克（Lubeck），在那里他从1519年9月一直待到1520年5月，然后他就前往卡尔马（Kalmar）这座瑞典少有的、拒绝敞开大门接纳克里斯蒂安国王的城市。

就在那座具有历史意义的城市里，他千方百计地号召附近的农民起义，反抗丹麦统治者。然而，他的努力没有取得任何成效，最后在1520年秋，他转向北方，在梅拉伦湖（Lake Malar）附近的某个地方会会朋友，打打猎。这时，他听到消息说斯德哥尔摩发生了一些大事，这些事件将整个世界的注意力吸引到了瑞典大陆。

迄今为止，在那些没有历史的国家中，瑞典在大部分时间里都是幸运的，从而也和那些其成员的名字从来没有见诸报端的家族一样幸福。当时还没有报纸，但是，有时事通讯，安特卫普（Antwerp）、威尼斯（Venice）、奥格斯堡（Augsburg）以及热那亚（Genoa）的大商人都可以从他们在世界不同地区的代理商那里收到这些时事通讯。

400年前最著名的私营新闻服务机构是在巴伐利亚（Bavaria）南部的奥格斯堡（Augsburg）城著名的富格尔家族（Fuggers）银行创办的。富格尔家族靠织布起家，然而，他们一直在扩展他们的业务，据估计，他们的财富曾经一度超过63000000弗罗林（florin）。到16世纪初，在世界各地的每一块金融蛋糕中，他们所占据的不只是一席之地，而是全部份额。每次当你使用美元一词时，你就开始和这个不平凡的家族有了接触，因为当他们掌握了位于波希米亚（Bohemia）的圣约阿希姆斯塔尔（St. Joachimsthal）的银矿之后，他们就发行了一种新的硬币，这种硬币就是有名的约阿希姆斯泰勒（Joachimsthaler）或者简称为"泰勒"（thaler），我们的美元（dollar）一词就是来源于这个词。他们是著名的且具有传奇色彩的皇帝马克西米利安（Emperor Maximilian）的财政靠山，正是由于用了他们的财富来支持政治斗争，西班牙的查尔斯（Charles of Spain）（丹麦的克里斯蒂安二世的妹夫）才得以执掌了德意志帝国（German empire）的皇位，德意志帝国当时就叫这个名字。后来，他们不断发展繁荣，在欧洲以及美洲各地获得了金矿和银矿。甚至他们的社会地位也得到了极大的提升，乔安·富格尔（Johann Fugger）的后代们由奥格斯堡的织工变成了男爵和伯爵，最后甚至成了诸侯。这是他们曾经拥有的目前我们听起来非常奇怪的头衔。我还要提一提他们在瓜达尔卡纳尔岛（Guadalcanal）上的西班牙银矿的霸主地位，从那时以后，现在太平洋上的这个著名的岛屿才得以命名。

为了能顺利地经营如此大的财产，在奥格斯堡的总部有必要快速且有效地了解发生在世界各地的事情。因此，这就要求福格尔家族的代表及其海外代理商定期发回关于他们的驻地城市所发生的事件的报导，而且显然还不允许遗漏任何细节。大量的这样的报道被保存了下来，对历史学家来说，它们是最丰富的资料来源之一，历史学家通过这种途径，可以获得我们现在称为"内幕"的、关于当时所发生的每一个重大事件的信息，当时福格尔家族的通讯记者们用他们的鹅毛笔不停地书写，并保持了一种和今天的电报服务制度同样有效的私人邮递员制度。

福格尔家族的这种私人新闻服务直到16世纪末期时才达到顶点。不幸的是，这种新闻服务没有包括克里斯蒂安二世以及斯德哥尔摩大屠杀的时期，只有那些好刨根问底的、勤勉的抄写员才能对这个时期发生的那种事件进行了很好的描述。然而，在我的职业生涯中，迫于需要，我已经通读了大量的福格尔时事通讯，我觉得我能够重建一个我自己的、关于发生在1520年的斯德哥尔摩的事件时事通讯。我现在就做此项工作，而且我想我能够为你很好地复原当时的情景。

06 发生在斯德哥尔摩的可怕的事件

没有地点

可怕的1520年的11月10日

阁下，我们有重大的消息告诉你，的确是重大的消息。在这里发生了一件具有深远影响的事件，没有人能预测接下来可能会发生什么事情。82名高贵的瑞典人刚刚被残忍地处以极刑。他们中有几名主教，这些人是无可挑剔的，并且几乎是圣洁的人物。在这块土地上，每一个贵族家庭都失去了其几位最杰出的成员。很多被认为是民族领袖的平民也成了丹麦国王的疯狂的牺牲品。

那些倒霉的苦命人的尸体仍然躺在他们的头颅被砍下的地方，尽管一些紧靠国王周围居住的好心人冒着极大的危险做出了各种努力，然而，国王仍然不允许掩埋任何受害者。实际上，在愤怒的时候，国王甚至还出格到命令手下将一个最近死去的敌人的尸体从坟墓中挖出，并将其同那些被肢解了的尸体堆放在一起。当时，他还告诫说，这个人在和他的一个孩子共享他的最后的休息处，他让刽子手们将他们都扔在这堆死尸上（国王陛下很高兴这样表达自己的意思），因为孩子长大后可

能会像他的父亲，因此现在
清除叛徒比以后清除要好。

　　所有这些可能会让阁下
大吃一惊，因为自从这个年
轻的丹麦王子登上他的祖国
的王位后，我们很高兴报道
这样的事情：世界正对他寄
予厚望，在他的稳健而且明
智的领导下，我们可能最终会看到一个紧密团结的斯堪的纳维亚帝
国（Scandinavian Empire）的崛起，摆脱那自从倒霉的卡尔马联盟
（Union of Kalmar）分裂之后普遍存在于欧洲这个地区的混乱。

　　为了给过去的三天时间里所发生的骇人听闻的事件一个似乎
合理的解释，以便在以后的日子里打消所有关于丹麦人和瑞典人之
间存在合作的观念，我想我最好还是往回溯一会儿，并努力从王子
这个人物身上寻找到这种突然变故的真正原因。直到事实突然迫使
我们改变我们的观点之前，我们都一直认为王子是他的那个家族中
最杰出的代表之一，是所有那些理性的、正确的、适当的事物的化
身，是真正的大众的希望——是受全能的上帝的委托来接受其照看
的大众的希望。

那么是什么事情使这个聪明且热心的王子变成这样一个可怕且无法捉摸的魔鬼呢？

在我最近一次去哥本哈根的时候（当时我们正在办理最近一次的丹麦贷款业务），我有机会发现我以前没有提到的事情，因为它们都只是来源于道听途说，阁下您要知道，在国王驻跸所在地的那些城市，人们是议论纷纷。因此，对于这些我都是守口如瓶，但是，上周所发生的一些事件澄清了当时的许多猜测，而且所有的细节都一一落实，在我看来，它们似乎为我们展现了一副完全清晰的关于这个不吉利的君主的画面，像任何其他曾经受到全人类痛恨的暴君一样，他现在注定要作为一个最受大众憎恶的对象而被历史记录下来。

你会记得，就在他被加冕为丹麦国王的同一天（1514年6月11日），他通过代理的方式迎娶了西班牙王子查尔斯（Spanish Prince Charles）的妹妹为妻。我们都认为，西班牙王子查尔斯将来某一天不仅会成为西班牙的国王，而且也会入主富裕的低地国家（Low Countries），还会成为德国的皇帝。和与她的哥哥不同的是，这个公主没有在与丹麦有许多共同之处的国家佛兰德斯（Flanders）接受教育。但是，她所遵循的是西班牙的传统，而年轻的王子克里斯蒂安也有很多类似的特点，他喜欢和他的都城里的平民打交道，他似乎一点都不急于将他的年轻的新娘带到丹麦。

让他将实际上的婚期推迟达一年多时间的原因是他迷恋上了一个名叫迪弗克（Dyveke）或者称为小鸽子（Little Pigeon）的荷兰女孩儿，似乎没有人知道国王是什么时候第一次遇到她的。近些年来，许多来自低地国家的农民在哥本哈根附近定居下来。他们成功地进行了移民，并把这座城市附近的一个迄今为止荒无人烟的岛屿变成了一个肥沃的蔬菜园地，为丹麦首都的居民提供大量的日用生活必需品。然而，国王似乎并不是在他的驻跸城市遇到了小鸽子，据我所能获取的关于这个敏感话题的最可靠消息，他第一次见到她是在卑尔根（Bergen）一个小酒馆的舞会上，卑尔根是挪威海岸的大商业中心，是德国商业同业公会的据点，德国商业同业公会拥有这个城市里的其中一个最重要的办事处。

　　由于国王陛下是出了名地喜欢和平民交往，而将贵族排除在他的宫廷之外，因此，这个故事似乎完全是可信的，而且我也没有理由对这个故事产生怀疑。也没有任何人怀疑国王陛下对他的迪弗克的感情，因为他没有掩饰对她的尊重和钟爱，而且总是和他所珍爱的小鸽子形影不离，只要他在首都，他就每天和她保持联系。我遗憾地告诉你，虽然我由于生意上的关系经常访问哥本哈根，不过，很不幸运，我从来没有看到过这个年轻的荷兰女人。但是，我的那些朋友以及我的那些曾经和她接触过的同事都给予了她很高的评价，不仅高度评价她的美貌——是北方国家里非常流行的那种高挑的金发碧眼的类型——而且对她的聪明才智也给予了高度评价，因为尽管她没有受过正规教育，但她似乎非常熟悉那些通常只有出身公主血统的人才懂得的社交礼仪。

　　由于小鸽子也是一个性格活泼乐观的人，因此，她似乎是这个从幼年时起就奇怪地患上了非常严重的抑郁症的年轻人的理想伴侣。在宫里，没有人不知道他对她倾注了无限的爱，如果不是作为在位的君主的义务使他不得不和一个公主联姻的话，那么他会毫不犹豫地娶她为妻的，他对这个公主似乎完全漠不关心，实际上，他非常厌恶她以至于尽可能避免和她在一起。

当然，丹麦的贵族阶级对这种关系是极力反对的，他们认为这是一种公开的耻辱，竭尽全力要将国王和他心爱的迪弗克拆散。他们对这个女孩儿的母亲在宫廷中的出现也极为反感，这个女孩儿的母亲是一个名叫西格布蕾特夫人（Fru Sigbrit）的人。自从她的女儿死后（关于她的死我马上就告诉你），她就一直离群索居。同样，我也没有荣幸了解她，但是我的一个在银行工作的亲戚【一家著名的安特卫普（Antwerp）公司代表】曾是她在许多企业中的代表，他详细地给我介绍了这位女士，即使是女儿死后，她也仍然被看成是国王后面的真正权威。"她不是出身于一般的血统，她在宫廷里的敌人都是这么说她的，"他向我保证说，"而是出身于高贵的荷兰血统——她所出身的那种家族在低地国家的许多城市可以找到，在这些城市里，富裕的市民以给予他们家族中的女性和男性成员同样好的教育而自豪。她从来就不提出哪怕是一丝过分的要求，并且从一开始就小心翼翼地注意远离所有的宫廷职责——宣称在那里她感到浑身不自在，她宁愿和她自己同类的人交往。"然而，她常常和国王在一起，而且我的朋友这样告诉我说，在那里她很受器重，因为她在商业上具有杰出的天赋。她思考起来像个男人，如果我的朋友说得没错的话，她的作用顶得上十来个普通的男性商人。面对数字她头脑清晰，并且只要把账单给她看，她就能够查验出账单中出现的任何一分（Øre，丹麦货币单位"欧尔"，一欧尔等于百分之一克朗，这里根据中国人的阅读习惯译为"分"）的差错，国王陛下已经越来越习惯于将所有王室国库的琐事交给这个奇异的女人处理，而她虽然没有任何正式的官职，但却是丹麦宫廷中财政方面的真正天才。

当然，可能那个为我提供消息的佛兰德斯人对她的实际能力有点夸大其词，这样做是为了满足他的种族自豪感。但是，许多和我一起谈起西格布蕾特夫人的事情的人，以及那些对她恨之入骨的人都承认，她作为一个有实际经验的管理者，其头脑的精明是不可否认的。

因此，国王这个极有抱负的年轻人，平生最需要两种东西：一个他所心爱的女人以及一个能实现其国家经济发展计划的最能干的助手。

据我们所知，他仍让她做他的财政顾问，尽管，我已经说过，他所钟爱的那个女人已经死了。她突然患病，几天以后就死了，她死时非常痛苦，以至于人人都怀疑这是一起投毒案。丹麦的朝臣们所憎恨的不仅有她，而且还有随女王陛下一道来到丹麦首都并出现在宫廷的许多西班牙人，这些人据说在这方面是行家里手，因此，这可能是一种摆脱讨厌的人的方式。我们有理由认为毒药可能的确就是导致这个不幸深受国王喜欢的年轻可爱的女孩儿过早死亡的根本原因。就是在1517年这一年，小鸽子的厄运降临，我的朋友告诉我，从那以后，国王就和以前大不相同。他感到他被潜藏的敌人所包围（也可能真的是这样），如果他不立即采取措施保护自己的话，那么下一个遭到他们毒手的将会是他。

在狂怒之下，他进行了反击，开始时他命令处决那些他怀疑曾经煽动谋杀迪弗克的人，因此，他对所有的丹麦贵族展开了经常性的报复行动，同时，公开在他的身边布置一些商业中产阶级的成员。实际上，他还更进一步地设立一个常规性的、非正式的内部顾问班子，许多人都认为（而且确实如此）这是统治丹麦的真正权威，而且根本没有把国家议会放在眼里。他现在比以前更加倚重西格布蕾特夫人这个上了年纪的荷兰女人了，而西格布蕾特夫人也完全展示出了她作为财政顾问的才华，于是，不久国王就拥有了实现其长远政治抱负所需要的钱财。克里斯蒂安现在打算实施的是差不多125年以前就已经首次制订好了的计划，那时，在卡尔马会议（Diet of Kalmar）上所做出的安排是，要将丹麦、瑞典和挪威合并为一个在丹麦王权统治之下的国家。

　　在狂怒之下，他进行了反击，开始时他命令处决那些他怀疑曾经煽动谋杀迪弗克的人。

如果纯粹从理论上看，这是一个十分不错的想法，因为将斯堪的纳维亚各民族组成一个统一的国家将会是扑灭波罗的海沿岸德意志诸城市不断快速膨胀的野心的极好途径。然而，由于诸多原因，这种联合没有取得成功。丹麦国王发现只有在挪威这种联合才进行得容易一些。在那里，14世纪后半期爆发的黑死病给人们造成非常大的灾难，当地的大部分贵族死亡，农民和渔民也遭受了非常重大的损失（有人说有足足一半的人口死亡，尽管我总觉得这个数字有一点过高），因此，丹麦人很容易在这个国家立足。

但是，在瑞典，这种联合曾遭到大多数人的反对。各地的贵族可能认为和丹麦国王联合对他们有利，但是，那些居住在更边远地区的独立的农民则憎恶这种外国人的统治，他们在任何时候都没有把这种统治当成一个"既成事实"（established fact）来接受。有些时期似乎所有的合作都是平静的，然而又不时爆发出不满，而且丹麦人的势力很少延伸到那些防卫坚固的城市以外的范围，而在那些防卫坚固的城市里他们布置了几个德意志雇佣军连队。

我已向你全面汇报了发生在国王克里斯蒂安的父亲统治时期的起义，有些人常常称克里斯蒂安的父亲为国王汉斯（King Hans），另一些人则管他叫国王约翰（King John）。这个起义是由斯特尔家族（Sture family）所领导的，这次起义在某种程度上和约80年前所发生的那场起义一样，其危害性都非常大。那时，要是恩厄尔布雷克特·恩厄尔布雷克特松没有遭到谋杀的话，瑞典可能重新获得了完全的独立。那时，在斯图尔取得了布兰基尔卡（Brannkyrka）大捷之后，一切事情看起来对瑞典人实现其目标都十分有利，以至于大多数人都认为丹麦国王已经彻底失败。接着，去年1月小斯特尔

（Sture the Younger）在奥松登湖战役（battle of Asunden）中的不幸牺牲打破了这种美梦。而未曾料想到的是，国王克里斯蒂安开始向那些以前一直被他恶毒地公开谴责为叛乱者和叛徒的人靠拢，这使我们所有的人都盼望着有一个更加光明美好的未来。一方面，当时在乌普萨拉（Uppsala）开会的瑞典国会（Swedish Riksrad），表示出愿意接受妥协的诚挚愿望，条件是在统治瑞典时，要遵循"这个国家的习俗和惯例"。另外，瑞典国会还表示，它将不再与任何主张完全独立的组织合作。

斯德哥尔摩市是唯一一个通过武装来反抗国王意志继续表现自己的地方。当丈夫在梅拉伦湖（Lake Malar）的冰面上因伤势过重牺牲后，斯滕·斯特尔（Sten Sture）的遗孀——贵族克里斯蒂娜·于伦谢娜夫人（Dame Christina Gyllenstjerna）——所逃往的城市就是斯德哥尔摩。

斯特尔（Sture）名望的惊人凝聚力使许多农民急忙从达拉纳（Dalarne）赶到国家的首都，以便他们为这个非同寻常的女强人效劳，而且至少在一次激战中，丹麦军队又一次几近完全覆灭。但同时，波罗的海和梅拉伦湖（Lake Malar）上的冰已经融化，这就使丹麦的舰队有可能接近斯德哥尔摩的城墙，当这座城市被围困处于绝望之际，克里斯蒂娜夫人（Dame Christina）没有办法，只得投降。

令所有人大吃一惊的是，丹麦国王又一次表现出了他最仁慈的情怀，他承诺大赦所有那些之前胆敢反对他的意志的人。"毕竟，"瑞典人民开始这样互相转告，"我们可能误解了这位年轻的王子。他所引以为自豪的对普通民众的爱，可能是对那些直到现在还在完全受贵族摆布的阶级的一种真正的情感，而这些贵族由于谋杀了他如此钟爱的荷兰女孩儿而招致他的忌恨。因此，让我们认可他现在在我们面前的表现吧，也许我们之间的相处能够比预期的要好得多，这种持久的内乱将结束，这种内乱对任何人都没有好处，而且其祸害还会蔓延到全国。当然，我们更愿意获得完全自由，但是，在这种情况下，这可能是相当不错的结果了，而且由于国王陛下保证给予我们几乎完全的地方自治权利，那么我们最好接受他的条件，并且相信他的谕旨。"

我认为，联邦主义派和分离主义派这两派的大多数领导人都是这么想的，而且，的确就是在这种新的真诚与忠诚的气氛中，斯德哥尔摩的居民迎接国王的，当时在这一年的9月7日，国王克里斯蒂安进入了他的瑞典首都，并在王室城堡里住了下来。

在3个星期的商谈的末期，国王陛下的加冕礼准备就绪，在这个国家的代表们宣誓效忠他们新的国王后，为他正式加冕的高台已经

斯德哥尔摩市是唯一一个通过武装来反抗国王意志继续表现自己的地方。当丈夫在梅拉湖（Lake Malar）的冰面上因伤势过重牺牲后，斯滕·斯特尔的遗孀——贵族克里斯蒂娜·于伦谢娜夫人——所逃往的城市就是斯德哥尔摩。

搭好，加冕仪式于10月4日在斯德哥尔摩的教堂里举行。

人们注意到，实际上执行加冕的是那个古斯塔夫·特罗勒大主教（Archbishop Gustaf Trolle），他曾是联邦派（Unionist party）的领导人之一，而且他一直被认为是独立派的不共戴天的敌人，然而，没有人注意到这一细节。由于其反爱国主义的煽动行为，特罗勒大主教（Archbishop Trolle）在上次的斯图尔叛乱期间被剥夺了公职，但是克里斯蒂安又让他恢复了以前的职位，而且，由于他是一个高傲的人，因此每个人都想当然地认为他现在已经满足了，而且准备和以前的对手一起，为他们国家的共同利益而工作。

这一次，瑞典人将会失望，但是，当时，他们生活在我称之为"善意的梦想"之中。过去的事将成为过去，国王克里斯蒂安自称是自由人和农民的朋友和保护者，是他们自己阵营里专横的贵族的敌人，在他的领导下，瑞典将进入一个以前从来没有听说过的和平与繁荣的时代。在这种情况下，还必须说一件事（很多人向我谈论起此事），那就是，国王陛下在住在首都的三天里，还特地和那些前来和他接触的人搞好关系。我也曾荣幸地作为一个外国商务代表团的一员受到了国王陛下的接见。他接待我们时的那种和蔼可亲的样子是无与伦比的。他对一些令人遗憾的误会谈了他的看法，（双方的）这些误会使得他很难表明他的心和瑞典人民是贴得多么近。但是，现在我们所有人将要为这三个国家的共同利益而奋斗，这三个国家是上帝命令他来统治的，而且，由于他对所统治的区域的商业发展十分感兴趣，因此，他恳求我们不仅把他看成是我们的君主，而且还要看成是我们亲近的私人朋友。

"到我这里来，"他在结束简短的发言时说，"不管什么时候出现困难，我都可以给你们提供帮助，而且你们会经常发现我随时准备洗耳恭听你们的抱怨和建议。"

接着，他又说，他希望几天以后在他计划举行的称为"和解的盛宴"（Feast of Reconciliation）中再次见到我们，宴会的地点就在我们当时聚集的那个大厅。当我们向他告别时，他单独把我留下来进行了一次特殊的谈话。

"你所代表的那个公司，"国王陛下屈尊地对我说，"我很熟悉，因为该公司曾为我的那个做皇帝的姐夫做了大量的业务，我希望我们也能建立一些影响相当广泛的企业，因为我有一些计划，这些计划需要大量的财经支持，而这些财经支持相当难找到。但是，关于这个计划，等宴会的日子结束以后我们再谈，那时，我们就专心商定那些更为实际的问题。不过无论如何，我都把你当成了我即将举行的宴会中的客人。"

国王陛下的一番亲切的话语使我深受感动，我向他表示了我最诚挚的忠心。对我来说幸运的是，当我回到家时，我接到消息说，正带着我们的三个孩子在我们的房子里（而我们在镇上的公司正处于维修和扩建之中，以便同我们在这个首都的地位相适应，这个首都现在有望成为北欧的商业中心）过冬的我的妻子需要我的陪伴，因为我们的三个女儿生病了，而她感到自己一个人无法应对。

因此，第二天上午，我和首都的一位名医一道离开了斯德哥尔摩。这位医生发现孩子们患了严重的喉咙感染，并且认为这种病极具传染性，他坚决要求我留在这里，不要将那时已经进入我体内的郁气带给我商业上的同事。要不是我的孩子们得了这种讨厌的病的

国王陛下的一番亲切的话语使我深受感动，我向他表示了我最诚挚的忠心。

话，我会返回斯德哥尔摩，那么毫无疑问，我就会落得和我的那些朋友同样的命运。他们由于相信国王的话，听从国王的劝说而参加了王室的宴会，此刻，他们的尸体正在首都的市场上腐烂。

这也是我为什么没有告诉你我当前的地址的原因。如果我告诉了你我的地址的话，那么我就死定了，因为尽管我委托今天下午前往吕贝克（Lübeck）的一个荷兰船长带这封信，但是我们从来就不知道这封信是否会被中途截获，而且，一旦国王陛下的党羽追查到了我的行踪，我也同样会在绞刑架上耻辱地死去。

可以这样说，大屠杀后的那个上午，我的妻子和我以及我们的小孩儿（他们冒着巨大的健康危险），乘坐雪橇飞快地离开了，现在我虽然离首都很近（作为你的代表，这是我的职责），但是我认为我自已还是相对安全的。人们对前几天所发生的悲惨而恶毒的事件感到非常愤怒，以至于没有一个丹麦士兵敢走出斯德哥尔摩的大门，万一有人胆敢来这个村子里抓我的话，那么我的邻居们很快就会结果他们的。

现在让我详细向你讲述所发生的这些可怕的事情吧，这些事情是那些源源不断而来的难民详细地告诉给我的，他们所有的人都急急忙忙地向北赶往达拉纳（Dalarne）省，据说，在听到关于已经被称为斯德哥尔摩浴血大屠杀（great Stockholm Bath of Blood）的新闻头条后，那里的农民就起来暴动了。

在斯德哥尔摩，一切都以一种最平和的方式进行着。国王在王室城堡里举行家庭招待会，庆祝活动结束时将举行盛宴，安排的时间是11月7日的中午，国王邀请赴宴的有他的瑞典王国里所有知名

在听到关于已经被称为斯德哥尔摩浴血大屠杀的新闻头条后，那里的农民就起来暴动了。

的神职人员和贵族，还有那些被认为是在政治界和商业界作出过杰出成绩的平民。这些权贵中有许多人的妻子也在国王的邀请之列，而且她们中大多数人都接受了邀请，根本没有料想到这将是她们和丈夫最后一次见面。同时，国王和他的三个最亲密的顾问——著名的而且精力充沛的欧登塞主教（Bishop of Odense）乔恩斯·柏尔德纳克（Jans Beldenack）、瑞典大主教特罗勒（Swedish Archbishop Trolle）以及一个名叫迪第克·斯拉格赫克的（Didrick Slagheck）人——正在为宴会张罗着，忙得不可开交。

正如其名字所显示的那样，这个迪第克·斯拉格赫克（Didrick Slagheck）一定是荷兰血统，据传闻说，他是寡妇西格布蕾特（Sigbrit）的一个远方亲戚，西格布蕾特（Sigbrit）就是那个不幸的迪弗克（Dyveke）的母亲。据我所能掌握到的信息，他具有德国和荷兰的血统，并从事理发的手艺，后来，他的家族发迹了，将他带到丹麦的国都，过了不久他就被国王雇用充当机要秘书，负责那种需要摆出一副厚颜无耻的面孔以及耗费大量天生的智力的工作。当他在任这个职位时，斯德哥尔摩的人们经常看到他在城市突然出现，而且人们还观察到，他很受特罗勒大主教（Archbishop Trolle）的赏识。然而，由于在各种事情上他所表现出来的虚荣和傲慢暴露了他出身的卑微，而且他专横跋扈，这和许多德国人在爬升到高于最初的境遇时所表示出来的倾向一样，因此，没有人给予他很多关注。在从事日常公务的过程中，即使是最高级别的神职人员有时也不得不和那些不吉利的人物打交道，特罗勒（Trolle）由于他自己令人讨厌的品行而深受人们的憎恶（他总是野心勃勃，对所有与他接触的人疑心重重，而且他在这个国家的其他主教中完全不受欢迎，我乐意告诉你的是，这个国家的其他主教都是具有杰出才能的人，他们是彻底的爱国者，投身于他们的精神领袖号召他们从事的高尚的圣事中）。

然而，尽管国王陛下和特罗勒大主教（Archbishop Trolle）以及不吉利的迪第克·斯拉格赫克（Didrick Slagheck）天天打交道，在面对他以前的反对者时，他仍旧表现得和蔼可亲，并且慷慨地拿出鲱鱼、面包和盐来使斯德哥尔摩人（在城市遭受长期围困的末期，他们已经濒临饿死的边缘）中的穷苦阶级心情愉快，大饱口福，人们没有理由对此心存任何怀疑。

113

人们深信，国王与其信赖的大主教之间所进行的长时间会谈的内容都是些纯神职方面的事情，比如谁应该被任命为这个辖区或者那个辖区的主教，还有其他一些不重要的有关如何处理教会财产的小事情。几乎没有人注意到，在11月6日至7日，国王房间的灯光一直亮到第二天清晨。他们甚至对下面的情况也没有发表意见：大批牧师被急急忙忙召进国王的城堡，而这些牧师似乎在从事某种十分严肃的工作，以至于任何人都不准靠近他们工作的房间，而且他们中任何人也不允许在上午离开，而只能在关他们的房间的地板上睡觉。这样就将我那可怕的故事带到了1520年这个永远不光彩的年份中的11月7日上午。

在生死攸关的那一天中午之后不久，所有的客人都来到了王室城堡的国务大厅（State Hall），一场奢华的宴会正等着他们。后来，国王进来了，并在佩有丹麦王室纹章的华盖下面的上席就座。根据我所能收集到的各种不同的片断信息，接着，特罗勒大主教（Archbishop Trolle）起身站在国王的前面，面对着国王陛下。客人们料想他可能会做做祷告或者说几句适合这种场合的客套话。然而，他却打开一个文件，原来这个文件是前不久教皇对瑞典人民颁布的开除教籍的训令，既然以前所有的分歧都似乎已经解决了，因此大家都已经忘记了这份文件的存在。

当宣读了这份开除教籍的训令之后，特罗勒（Trolle）用尖刻的语言，公开指责所有那些解除他的职务的人以及那些煽动（他现在是这样宣称的）捣毁他的财产的人。接着，他要求对案件进行全面调查，并要求国王惩罚那些与这件事情有牵连的人。一开始，人们一动不动。这一突然而且完全出人意料的新情况似乎已使客人们失去了说话的能力。然而这种状况没有持续多久。在那些被邀请的客人中有小斯滕·斯特尔（Sten Sture the Younger）的遗孀——贵族克里斯蒂娜·于伦谢娜夫人（Dame Christina Gyllenstjerna），就是这个女人在其丈夫突然去世后，长时间坚守斯德哥尔摩，抵抗国王的进攻。

她勇敢地对国王发表演讲。她在为所有其他人进行辩护时，宣称："只要国王陛下乐意，那么刚才大主教给我们看的那份文件就完全是一份合法的文件。它是由瑞典国会（Swedish Riksdag）所有的议员签名并宣誓保证了的，并就此在后面加盖了大国玺以及那些签名人个人的印章。"

但是，在场的一个主教（当然，是特罗勒大主教的一个党羽）否认这一点。"你弄错了，夫人，"他告诉她说，他撕开他的蜡制大印章，印章下面露出一张小纸片，上面写着——他写的："这样做我是被强制的，被迫的。"

瑞典客人们站在那里，被这种背叛行为惊呆了。然而，这似乎让在场的丹麦人非常满意，在最近国王在斯德哥尔摩教堂举行的加冕仪式期间，他们中有几个人被提升为骑士。当时，人们观察到，对这种方式感到荣耀的是许多丹麦人而不是瑞典人。此后，似乎没有人记得到底发生了什么事，因为所有的客人现在都感到上当受骗了，而且注定要很快地死去。让局面更加混乱的是，这时国王离开了宴会大厅，让客人们自行其是。他们在议论他们所处的困境，并谴责特罗勒（Trolle）和他的主教同事（他的名字叫汉斯·布拉斯克）用这种方式不仅出卖了所有在场的那些人，而且背叛了他们共同的祖国。但是，这些议论的声音压不住宴会结束时的撕心裂肺的哭喊声。由于当时太阳刚刚落下去，有必要在桌子上点上些蜡烛，门又一次打开了，一队队丹麦士兵闯进了大厅。每一队士兵都听从一个手里拿着一份公文的丹麦军官的指挥。那些公文是一张张的羊皮纸文稿，这些文稿是国王的顾问以及他们的手下辛苦了一整晚才弄出来的。文稿上写着一些人的名字，据说这些人自认为是国王陛下的囚犯。这些军官每发现一个受害人，就在名册上核对他或者她的名字，随即士兵们就粗暴地抓住这个不幸的男人或者女人，并将他们的牺牲品拖到宫殿下面的地下室，在那里他们将要一直被关押到让他们上来接受审讯的时候。

几个对这个复杂的大型宫殿建筑熟悉的人试图通过在阁楼的某个黑暗的角落寻找藏身之处来拯救自己，但是，门把守得很严，没有人能够逃脱。那些名字没有出现在名册上的人则可以自行其是，我无法形容他们的焦虑心情。他们都预料一旦天亮他们就会和他们的同伴得到同样的命运，然而，国王的愤怒显然已经过去了，因为不再有人被抓起来了。

拂晓过后不久，其他的人都被释放了，但仍有八十多名瑞典人被关在臭气熏天的地牢里，按照各自不同的秉性，他们有的在咒骂，有的在祈祷，但是很少有人（别人是这样告诉我的）对等待他们的命运产生过任何怀疑。这是一个宴会，在这个宴会上刽子手将会行使职权，所上的菜将是麻绳，除非国王高兴了，考虑到他们活着时的地位，那么他就会发发慈悲，将他们斩首，而不是绞死。

由于需要很长的时间，因此我不可能为阁下写出所有那些就这样被国王陛下精心设计的圈套所捕获的人的名单。在那些比较重要的囚犯中，我注意到，不仅有贵族克里斯蒂娜·于伦谢娜夫人

（Dame Christina Gyllenstjerna）的名字（我祈求上帝让这个最杰出的女人逃生），而且还有埃里克·瓦萨（Erik Vasa）和他的妻子埃卡的塞西莉亚·曼斯多特（Cecilia Mansdotter of Eka），他们是出身高贵的人，不久以前我和他们还有些交往。他们的儿子和其他人质一起被丹麦人送到哥本哈根（Copenhagen），以保证他们的国王的安全，当时人们认为国王已开始和他的瑞典对手们进行直接谈判。如果没有人质被押在丹麦的话，那么同样也就不会有这次会见，这个不幸的年轻人的父母曾劝我设法给他提供一些必要的资金。我通过我们在丹麦首都的代表办到了这件事，但是，不久以后，这个年轻的贵族就逃到了吕贝克（Lübeck），这时，丹麦人得知了这笔交易，并没收了我们提供给他们以前的囚犯的这笔钱。

然而，这笔钱的数目不是很大，我自己已经为这一小损失做出了赔偿。在这块最宽厚的国土上，我受到了非常热情的招待，我乐意为共同的事业贡献我的绵薄之力。

最近的报道说，年轻的古斯塔夫·瓦萨（Gustavus Vasa）已经回到了他的故乡，而且据说有人在卡尔马（Kalmar）附近看到了他。我钦佩他的勇敢，但为他的鲁莽感到惋惜。毫无疑问，他很快就会被国王的士兵逮捕，然后就会遭受和他的父母同样的命运。

上面还有许多其他人的名字，但是这些名字对你来说没有什么意义，因为，虽然他们属于瑞典的主要贵族，但是他们当中没有人曾经和我们做过生意。

我的信就写到这里，因为我那荷兰船长告诉我说，现在是顺风，他打算明天上午早些出海。因此，我就将信的第一部分委托给这个可敬的人，他向我保证（若一切顺利）他将在十天内返回，到那时，他就能将第二部分带到大陆，这样它就会经过科隆（Cologne）、美因兹（Mayence），以及通过巴伐利亚（Bavaria）的正常路线，到达阁下的手中。

07 福格尔的通信人继续写没有写完的信

仍旧没有地址

1520年11月17日

　　我一边等我那忠实的船长回来（他现在应该随时都会回来的），一边继续写因为他的突然离开而被中断的报告。然而，这一间歇期为我提供了一个极大的便利。尽管我是被迫迁往内地的（我的孩子们健康状况的改善使我有可能这样做），但是我现在遇到了很多最近从斯德哥尔摩逃跑过来的人，这样，我能够向阁下提供的关于本月7日那一天以及以后所发生的事件的报告就比我在第一封信中所提交的报告要真实得多。

"所有的客人现在都感到他们中了圈套。"

现在我继续从我上封信中停笔的地方写起。我感到遗憾的是，我至今仍不能给你提供一份因丹麦国王陛下的愤怒而遭毒手的所有受害人的名单。我能确定的是，这些不幸的人有80多个，但是，据在斯德哥尔摩的人说，全部名单要等国王对他认为这样做是合理的理由做出官方解释之后才能公布。

迄今为止，我还只从我们两位在德国北部的代表那里得到了消息（我不重复他们的名字，其中的原因你很清楚），但是我的两位通信人宣称，这场可怕的大屠杀的消息在他们各自的城市引起了剧烈的暴乱，人们对这样荒唐的残暴之举的义愤是如此的普遍，以至于实际上在他们所经营的证券交易所不可能从事任何丹麦的有价证券交易，而且他们担心丹麦的商业会因为这场荒谬的对如此大量的无辜民众的谋杀而遭受严重的损失。

甚至有谣传说（我的通信者们这样告诉我），国王陛下的丹麦臣民也极力反对他们的国王的行径，他们公开宣称，他再也不会得到哪怕是一丁点的他以前从下层臣民阶级那里获得的好感了，而且大多数人都怀疑他是否会死在他的父辈们留给他的王位上。如果波罗的海沿岸城市的人们（他们只是看热闹的人和旁观者）都这么认为的话，那么我又该怎样描述笼罩在瑞典国家之上的恐惧和惊慌呢，这个国家已经失去了其所有的天生的领导人，现在正受到一个他们认为不仅是杀人犯而且是个疯子的人的摆布，这个人可以在任何时候重复干这种骇人听闻的行径，并将他的所有的臣民交给这些特罗勒们（Trolles）、布拉斯克们（Brasks）、斯拉格赫克们（Slaghecks）以及其他直接负责这场可怕的大屠杀的人来实行专制统治。纯粹从商业的角度来看，我还应该提醒你注意，你可能会收到德国北部的回应，在那里，所有那些对维滕贝格（Wittenberg）的教授马丁·路德博士（Dr. Martinus Luther）所倡导的改革感兴趣的王子们，现在只会更加对教会产生怀疑。

这件事情会有什么后果，我不知道，而且没有人能对所产生的后果有任何确切的预测。但是，我担心这可能会给皇帝马克西米利安（Emperor Maximilian）的继承者带来更大的麻烦，比起其他事情来，他现在更害怕的将会是遇到更强烈的反对。很自然，很多事情将取决于国王克里斯蒂安在为其在这里的所作所为进行辩护过程中所采取的态度。如果他证明说，瑞典贵族在这里策划了要杀害他的阴谋，以至于他不得不以这种方式进行自卫的话，那么，过了一段时间后，人们也许会开始忘却这事，甚至是原谅他。但是，斯德哥尔摩的一个议员逃了出来，并在三天前把我邀到这里，他告诉我说，事情真相根本就不是国王陛下所盘算的那样，他企图通过发布小册子来为自己辩护，他将尽量避免涉及政治方面，他要把所发生事情的一切罪责都扣在瑞典人头上。由于瑞典人藐视教皇的威权，没有经过罗马教廷（Holy See）的同意就解除了他们的大主教的职务，他们已经变成了离经叛道的人，因而已经将他们自己置身于国王本已打算给予他们的怜悯之外。

然而，其他的一些消息灵通人士告诉我（为了对大主教公平起见，我应该加上他们的报道），在这一点上国王和他的主教看法并不一致。特罗勒（Trolle）是出了名的粗暴脾气，他曾受到过那些为瑞典完全独立而奋斗的人们的羞辱，他非常希望为自己受到的屈辱报仇。他极想通过没收他的敌人的财产来为自己报仇，想通过一举掠夺来使他成为瑞典最富裕、最有权势的人。国王心中所盘算的这种大规模的谋杀使他感到害怕，他显然尽力规劝国王陛下将审判转移到财政事务上来，而不是演变成残忍的屠杀。但是，他发现国王态度很强硬。国王陛下告诉他，每个囚犯都得死。大主教可以进行审判，这是他最拿手的，然而，只能有一个最终的决定——所有的囚犯都得处死。女人可以例外，她们可以被判处终身监禁，但男人必须得死。

我试图想找出是哪些人为国王陛下出了一个如此坏的点子，然而，似乎没有人知道。我本人不得不认为，在这件事情上，国王陛

当审判开始时，主持审判程序的是一个丹麦主教。

下就是他自己的首席顾问。他希望通过这样一个彻底根除的行动，可以永远地摆脱那些在将来（就像他们在过去所做的那样）可能会干涉他的统一王国计划的人。现在他将所有的贵族置于他的掌握之下，受他掌控的也包括斯特尔派（Sture party）的领导人，还有那些斯德哥尔摩市的议员，这些议员曾支持斯特尔（Sture）的遗孀反抗国王的权威，导致了对瑞典首都的长期围困，使其付出了高昂的代价。这个机会太好了，不能不加以充分利用就让其白白丧失。于是，大主教接到指令，判处所有的被告人死刑。

然而，这对大主教来说，似乎太难办到了，因为当审判开始时，主持审判程序的不是他，而是一个丹麦主教。这位高官正式控告所有的囚犯是异端，因为他们为了自己的利益而罢免了特罗勒大主教（Archbishop Trolle）。审判中没有辩护，被告人不允许为自己进行任何辩护，他们也没有得到任何法律援助。他们听到控告，接着，又听到国王本人宣读了对他们的判决。他们所有人都将被处斩。

在这个晚上许多断头台被搭建起来，从附近城市里召集来了几个刽子手，为在集市场所最后行刑的一切工作都已准备就绪。从清晨开始，斯德哥尔摩的大街小巷布满了丹麦士兵，他们不允许居民们离开他们的房子。在市场的四面八方还布置了一队队各种各样的特殊的雇佣兵（但主要是德国人），以防止斯德哥尔摩的人民在最后关头救他们的领导人。

马上就要到中午了，这时，第一个囚犯出现了。他是可敬的斯特兰奈斯主教（Bishop of Str.ngn.s）。他后面跟着的是斯卡拉主教

123

断头台

（Bishop of Skara）。由于不允许人们向窗外看，因此我接下来的叙述可能是非常错误的。当然，所有这些消息都是传闻，是别人传达给我的，这些人对他们所看到的事情印象仍然是如此地深刻，以至于他们中有几个人都说不出话来。我试图弄清楚是否给予了这些可怜的罪人适当的精神准备，以让他们接受即将到来的命运，然而，有人告诉我说，国王断然地拒绝让他们在等待死期到来之时接受牧师的探访。他们是离经叛道之人，而且给他们的定罪是恰当的。让他们自食其果吧。

国王似乎只打算对一种情况给予缓刑。我主埃里克·约翰松·瓦萨（My Lord Erik Johansson Vasa）也在那些慢慢走向行刑处的人群中，他是那个不幸的年轻的古斯塔夫·瓦萨（Gustavus Vasa）的父亲。古斯塔夫·瓦萨（Gustavus Vasa）作为国王的人质之一被带到丹麦，而且他极有可能不久就会落得和他父亲同样的命运。就在他到达行刑台之前，人们注意到国王的一个官员走近我主埃里克（My Lord Erik），并对他耳语了几句。没有人听到他说了些什么，但是，我主埃里克（My Lord Erik）的回答是如此的响亮以至于不会有人听不懂。

"去告诉你那阴险的主人，"他吼道，"我所有的同伴都是高尚的人，我打算和他们一起死。"

接着，他最后看了一眼他的女婿乔金姆·布拉赫（Joakim Brahe），慢慢地点了点头，眼睛里露出轻蔑的神色继续向前走。

在其他方面似乎没有什么停顿，鉴于有很多士兵在场，因此一切事情都一定会进展顺利。

尽管所有的命令都禁止人们在集市聚集，但是还是有几个居民聚集在那里，就在到达集市之前，斯德哥尔摩的一个我不知道名字的市参议员，和一个名叫安德斯·卡尔森（Anders Karlsson）的王室议员（我认为那是他的职务）向他们的瑞典同胞呼吁来拯救他们。因为不然的话，他们所有的人都会成为外国人背信行为的牺牲品，但是，一些士兵立即开始敲鼓，而其他士兵则驱赶这些居民，并重伤了他们中的几个人。

我讲的故事的其余部分一定就是混淆不清了。在很大程度中似乎可以肯定的是——斯特兰奈斯的马蒂亚斯主教（Bishop Mathias of Strangnas）是第一个上断头台的。他曾是国王政策的坚定支持者，然而，显然这没有什么区别。刽子手一挥他的屠刀，就砍下了这个老人的头颅。在瑞典一个通常的惯例是，当一个人被砍头之后，要将他的头小心翼翼地放在他的两腿之间。然而，在这种场合下，刽子手们太忙了。他们将尸体丢弃在断头台旁边，并将头颅滚下台阶，很快，斯卡拉主教（Bishop of Skara）的头颅也滚下台阶来。此后，就轮到其他人了：许多王室议员，大批贵族以及三名斯德哥尔摩的市长——总共约八十人。从星期四到星期六，尸体一直躺在集市上。在上一封信中我已经说过，在星期五，那里又增加了两具尸体。一具是斯滕·斯特尔（Sten Sture）的尸体，国王曾下令将他的尸体从坟墓中挖出来，还有一具是他的小孩儿的，这个小孩儿在斯德哥尔摩遭到围困时死去，并和其父葬在一起。

国王对这个贵族出身的瑞典爱国者怀有如此地深仇大恨，他下令将他的敌人的遗体运到王宫，以便他能看看它们，并从中得到满足。我听说他还踢这具尸体（而且还有更为过分的事，但是有些事情我不相信是任何人类干出来的），我把这个故事说给你听，是因为这是值得的。

与此同时，许多好心的基督徒（甚至是几个丹麦人）去见国王，请求将这些不幸的人至少是按体面的基督教的方式埋葬，但是国王下令驱逐这些求情的人，并威胁说，如果他们胆敢再求情，那么他们将受到最严厉的惩罚。

在星期六，国王下令在瑟德马尔姆岛（island of Sadermalm）

上放大火。那些被屠杀的人的遗体被装上了大车和雪橇，然后被拖到斯德哥尔摩的渔民们停泊他们的小船的地方，并被扔进火堆里进行火葬。星期天的上午，当斯德哥尔摩的居民们终于冒险前往教堂时，那个地方仍然冒着一团团巨大的烟雾。据说，这些被焚烧的尸体所散发出来的恶臭十分难闻，以至于整个附近地区的居民都不得不离开他们的家，搬迁到别处。在星期一，骨头和灰都被倒进了梅拉伦湖（Lake Malar），在集市上曾经流淌在鹅卵石上的血被彻底清洗干净。于是，一场有辱史册的最邪恶的犯罪就这样结束了，所侮辱的不仅有这个国家的史册，而且还有其他国家的史册。

我还不知道什么时候回首都是安全的，因为我被告知，此刻丹麦官员们仍然在有计划有步骤地抢劫那些被国王看成是敌人的人们的房子和办公室。虽然在我见他时他对我说话态度十分亲切（这些我已在我的第一封信里告诉过你），但是，对于这样一个心中满是阴谋诡计的人，最好还是别冒险。因此，在你善意的允许下，如果我能利用那善良的荷兰船长给我提供的机会的话，我想最好还是将我自己以及我的家人搬迁到吕贝克（Lübeck）市，到那时我们就会知道何去何从了。

我听说，目前国王本人还在斯德哥尔摩，但他打算不久就到哥本哈根去。据说，特罗勒大主教（Archbishop Trolle）将被任命为参议会主席，这个参议会是国王任命的在他离开期间管理瑞典的机构。毫无疑问，他将给他们留下足够的丹麦军队以维持秩序。

就这样，可怜的瑞典被这个残忍的暴君踩在脚下，似乎没有人对未来抱有任何希望。她的领导人死了。那些不幸的受害者的寡妇的钥匙都被夺走了，这样，国王的党羽们就可以进入她们的房子，抢夺她们所有的财物。据今天上午得到的消息，她们本人将被带到国王陛下的一些城堡里，在那里她们将被囚禁起来度过余生。

一旦我渡过了波罗的海，找到一个安全地点后，我希望能给你寄下一封信。

希望上帝能怜悯如此多善良的基督徒的灵魂，怜悯可怜的瑞典国家。由于明显的原因，我就不在这封信上签名了。我的字迹将向你证明信的作者是——

你的最谦恭、最顺从的仆人

08 绝处逢生

是的，当我们的不知名的通信人写完信时，瑞典人自由的事业似乎永远地丧失了。但是，在不到两年时间以后，它又从失败中兴起。从此以后，瑞典就成为独立的王国，奇迹就是这样发生的。

在前面，我们说过年轻的古斯塔夫·瓦萨（Gustavus Vasa）是被丹麦国王的法官们悬赏到处捉拿的逃犯。当他发现卡尔马（Kalmar）不再是安全的地方时，他就把自己装扮成一个农民，最后，他来到了属于他家族的一个小城堡，他感到在那里可以逃避侦察。但是，11月中旬的一个上午，陪同古斯塔夫（Gustavus）的姐夫乔金姆·布拉赫（Joakim Brahe）到斯德哥尔摩的一个老仆人，冲进他的房间，跪在他的面前，吻着他的手，并祈求他赶快逃走，以保住自己的性命。接着，老仆人告诉他在首都发生的事情，他的父亲和姐夫都死了，他的母亲和姐姐被终身囚禁，而且国王悬赏大笔酬金来换取他的人头，这笔赏金足够的高，即使是最忠诚的人也会心动的，因为国王克里斯蒂安在这种事情上是非常慷慨的，而且国王曾发誓要将瓦萨家族斩草除根。

古斯塔夫（Gustavus）是那种办事有条不紊的人，于是，他坐下来思考他还能采取什么办法。通向大海的道路已经被切断，因为瑞典的各个地区都在丹麦人的掌握之中。只剩下唯一获救的希望了。他必须设法赶到达拉纳（Dalarne）去，从一开始起，那里就是瑞典的真正的中心，而且据说，即使是现在，那里的人们仍在抵抗克里斯蒂安的军队。

于是，古斯塔夫（Gustavus）就去了达拉纳（Dalarne），他希望能够在那里通过唤起人们对恩厄尔布雷克特·恩厄尔布雷克特松（Engelbrekt Engelbrektsson）和斯特尔家族（Stures）的记忆，来让达尔人民（Dal-men）奋起反抗。他打扮成农民的模样，肩上扛一把斧头。因为任何人都知道，他是一个年轻的农民，离开了家乡的农场，要寻找一份伐木的工作。

首先，他去了离铜矿区法伦（Falun）不远的兰克黑坦村（village of Rankhyttan）。在那里他住在一个名叫安德斯·佩尔森（Anders Persson）的人的家里。一切都进行得很顺利，直到有一天，一个女仆一眼瞥见了他穿在一般农民穿的羊毛短外套下面的丝制衬衫。她将这件事情汇报给了她的主人，并暗示说这个年轻人可能就是丹麦人在到处搜捕的年轻的瓦萨少爷（Lord Vasa）。安德斯·佩尔森（Anders Persson）是一个十分正派的小伙子，但他知道，如果他的家里被发现藏有逃犯的话，那么他和他的家人将会被绞死，他的农场将会被烧毁。

他将古斯塔夫（Gustavus）叫到他的房间，锁上门，然后问他是否真的就是古斯塔夫（Gustavus）。如果他没有记错的话，他是否就是那个约12年前和他在乌普萨拉（Uppsala）同住一个校舍的那个古斯塔夫（Gustavus）。

古斯塔夫（Gustavus）回答说是他，并解释了他为什么来到达拉纳（Dalarne）的原因。

安德斯·佩尔森（Anders Persson）专心地听着，心中充满了同情，然而，到处是丹麦的特务，将逃犯留在那里太危险。他得问一问他的一个朋友，看他有什么办法。于是他就驾车去了邻近的阿斯皮波达村（village of Aspeboda），和一个名叫门斯·尼尔森（Mans Nilsson）的人商量此事。门斯·尼尔森（Mans Nilsson）也神情严肃地摇了摇头，对他说，这种事太危险，他最好尽快摆脱他的这个危险

首先，他去了位于铜矿区的一个村子。

的客人。安德斯·佩尔森（Anders Persson）同意了，他又一次将他的马放在他的雪橇前，然后驾雪橇回家了。我已经说过，他是那种正派的人，然而，国王提供的捕捉年轻的古斯塔夫（Gustavus）的赏金是一笔任何有理智的人都不能轻视的数目，于是，这个农民的内心里产生了激烈的斗争。古斯塔夫（Gustavus）迟早会被人发现，这个人将会揭发他并成为一个富人，那么为什么他安德斯·佩尔森（Anders Persson）就不能成为这个富人呢？

于是，他快马加鞭，叮叮当当地驶过了他自己的房子，径直向最邻近的村子赶去，他知道王室驻达拉纳（Dalarne）的地方长官刚好那时就住在那里，该长官是一个名叫本特·布鲁恩森（Bengt Brunsson）的人，他也是佩尔森家族（Perssons）的一个远房亲戚。布鲁恩森（Brunsson）飞黄腾达的机会来了。在这个不期而至，然而却最受欢迎的客人到达几分钟之后，布鲁恩森（Brunsson）、佩尔森（Persson）以及二十四名士兵起程赶往兰克黑坦（Rankhyttan），去抓捕逃犯，并获取国王的赏金。

但是，上帝站在了年轻的古斯塔夫（Gustavus）一边。安德斯·佩尔森（Anders Persson）的妻子碰巧发现她的丈夫没有回家，而是急急忙忙地向驻扎着国王的驻军的村子的方向去了。她了解她的丈夫，在根据事实经过一番推理后，她赶忙找到了古斯塔夫（Gustavus），告诉他她的怀疑，帮助他将一匹马放在雪橇前，并告诉雇工将他们的客人送到斯瓦德斯约村（village of Svards.）。因此，当地方长官和他的丹麦人来到佩尔森（Persson）的农场时，人已经远走高飞了，佩尔森夫人（Fru Persson）什么也没有看见，什么也没有

　　这个朴素的乡村牧师就是一种英雄式的人物。尽管一贫如洗，但是他仍然让古斯塔夫来和他一起住。

听到，一无所知。她已经打发那个雇工去为她办一个差事。她记得这个年轻人已经在房子周围逗留几天了。她估计他可能是她的丈夫的一个老朋友。也许他感到无聊了，于是决定离开了。

按照村里的传统（而且这个传统已经延续很长时间了），安德斯·佩尔森（Anders Persson）决不会原谅他的妻子。这个优秀女人的名字叫芭芭罗·斯蒂格斯多塔（Barbro Stigsdotter）。她是那些常常在历史上起非常重要作用的地位卑贱的人之一。关于她，我们所知道的仅仅是，在瑞典历史上的一个最重要时刻，她做了她应该做的事情。因此，向你致敬，向你告别，芭芭罗（Barbro），你这位默默无闻的斯蒂格家族里默默无闻的女儿。你有功于你的国家，但愿你的名字世世代代受人敬仰，因为正是有了像你这样的人，这个国家才有了今天。

至于古斯塔夫（Gustavus），他渡过了拉恩湖（Lake Runn），又一次获得了安全。然而，这种安全又能持续多久呢？这一次他不能向别人请求借宿了，他再一次把自己装扮成一个四处流浪寻找工作的农业工人。芭芭罗（Barbro）曾让他去找斯瓦德斯约村的牧师，但是，由于学会了经验，在小心翼翼地弄清楚这个村的牧师是否可能就是另一个佩尔森（Persson）之前，古斯塔夫（Gustavus）注意不透露他自己的名字。他在一个农场里干起了活。农场主当时正在打谷，古斯塔夫（Gustavus）就和其他的仆人一道打谷。然而，几天以后，当发现显然没有人怀疑他时，他就回到了牧师的身边，并告诉牧师他是谁。那个可敬的人非常惊慌。如果他被人发现他窝藏这个丹麦人正在到处搜寻的年轻人，那么这就意味着被绞死，而且，当绞索就在你眼前时，你是很难充当英雄角色的。

然而，非常凑巧的是，这个朴素的乡村牧师就是一种英雄式的人物。尽管一贫如洗，但是他仍然让古斯塔夫（Gustavus）来和他一起住。接着，他又像招待上宾一样地招待古斯塔夫（Gustavus），以至于差点导致了古斯塔夫（Gustavus）的死亡。由于这个年轻人出身高贵，因此，牧师认为他有义务服侍他的客人的饮食，并给他递上供客人们在用完餐之后相互传递的湿毛巾。当然，这是在餐叉被采用以前很长一段时间里的习惯。人们仍然用手指用餐，用完餐就在桌布上或者就在近便处讨一些剩饭剩菜吃的狗的身上擦他们的手。上流人士只用湿毛巾擦手，于是，当牧师的仆人发现她的主人弯下腰去恭恭敬敬地伺候他的客人时，她心里就想，"那个年轻的小伙子不可能只是一个农村的男孩儿。也许他就是那个所有的人都在谈论的、被悬赏大笔赏金捉拿的年轻贵族！"考虑到如果有了嫁妆，她就会成为这个乡村里的一个最令人羡慕的年轻的新娘，她就请求离开，要去附近农场的亲戚家。

牧师看着她，知道了一切。等女仆一走，牧师就又给了古斯塔夫（Gustavus）一个雪橇，并告诉他尽快走，到埃萨河（Isa River）畔的埃萨拉村去，在那里牧师有一个朋友名叫斯文·埃尔伍森（Sven Elvsson），他知道他的这个朋友是一个可靠的人，也是一个善良的爱国者。

斯文·埃尔伍森（Sven Elvsson）不在家，但他的妻子正忙着烘烤食物——烘烤那些大而圆的瑞典面包。这些面包在按照古老的配方制作好以后，将会用绳子绑在一些长条的木棒上，并高高地挂在

她邀请古斯塔夫坐在火堆旁暖暖身子。

天花板附近的位置，永远保存起来。古斯塔夫（Gustavus）告诉了她自己的姓名，她邀请他坐在火堆旁暖暖身子。恰好就在这个时候，那些对猎物紧追不舍的国王的党羽们推开了埃尔伍森（Elvsson）的农舍的门。

　　说时迟那时快，埃尔伍森夫人（Fru Elvsson）很快就明白了是怎么回事。她举起她正在烤面包用的木铲，打在古斯塔夫（Gustavus）的肩上，并愤怒地吼道："你这懒家伙！你坐在这里让我干所有的活，你安的什么心！起来，打起精神，你这毫无用处的懒鬼，如果你觉得自己太能干而不屑给女人打下手的话，那么你就去谷仓里去帮忙打谷子。"

　　这些丹麦士兵觉得这一切很好笑。当然，他们没有想到，此刻这个朴素的达拉纳（Dalarne）农村妇女会以这种方式对古斯塔夫（Gustavus）这样有身份的年轻贵族说话。他们踢了他几脚，把他赶出了房间。接着，将房屋从地下室到阁楼搜了个遍，但是不得不报告说，他们没有发现逃犯的踪迹。

　　这真是死里逃生，当斯文·埃尔伍森（Sven Elvsson）回到家时，他意识到，如果丹麦人返回的话，那么古斯塔夫（Gustavus）就面临危险了。于是，他把年轻的瓦萨（Vasa）捆在他的雪橇上，在他上面盖上了一堆干草。并对他说，他要把他运到更远的内地去，那里没有陌生人去过。

　　他们两人没走多远，这时一个丹麦人的巡逻队拦住了他们。

　　埃尔伍森（Elvsson）的雪橇上放的是什么？

　　"只有一堆干草。"他回答说。

　　"是这样吗？那么，我们很快就会知道是什么的。"几个士兵将他们的长矛刺入干草中。其中一个长矛刺中了古斯塔夫（Gustavus）的腿，顿时伤口血流如注，疼痛不堪。当斯文·埃尔伍森（Sven Elvsson）继续赶路时，他发现血在雪地上流淌。他立即拿出每个瑞典农民都随身携带（而且仍然携带）的小刀，设法在其中一匹马的腿上猛砍了一刀。当丹麦巡逻队发现血迹之后，他们开始追赶雪橇。赶上雪橇之后，士兵们盘问埃尔伍森（Elvsson）。他回答他们说："现在你看，这难道不是我倒霉吗？我的马竟然会伤得这么厉害，而我还有很长的路要走！"他们相信了他的话，就没有再找他的麻烦了。

　　古斯塔夫（Gustavus）现在发现他自己已在锡利扬湖南端的赖特维克村（village of Rattvik）附近了。当时，达拉纳（Dalarne）区和瑞典的其余地区相隔很远，就是在那里，古老的独立传统仍然顽强地保持着。很自然，古斯塔夫（Gustavus）希望在这里的身体强健的农民和伐木工中，能够找到响应他的号召起来反抗并扔掉可恨的外国枷锁的人。

有一段时间，他仍然将自己隐藏起来。后来，在一个星期天的上午，当赖特维克（Rattvik）的男男女女从教堂里出来的时候，他们在一个小山丘（一块杂草丛生的冰川砾石）上看到一个陌生的身影——一个年轻人，虽然一副简朴的农民打扮，但整个外貌看起来像是贵族家族的成员，而且这个陌生的来访者邀请他们走近些，因为他想告诉他们一些事情。于是，他们向前走去，当他们所有人都到了后，他说话了。虽然他们感到他说话的口音陌生，但他们完全能听懂他所说的内容。

"达拉纳（Dalarne）的人们……"他开始说话了，接着，他给他们讲述了一个他们已经烂熟于心的故事。他想当然地认为他们已经知道了发生在斯德哥尔摩的事情。通过使用这种奸诈的伎俩，那个高傲地称自己也是瑞典统治者的丹麦国王，已经剥夺了瑞典人民的自由。难道他们愿意接受这种命运而不举起手来将卑鄙的暴君赶出去吗？

古斯塔夫（Gustavus）是一个有文化的人。关于这一点我们是从后来他亲手写的国务文件中知道的。很显然，当他用口语进行表达时，他能够表达得清楚而且又恰到好处。赖特维克（Rattvik）的人们听着，而且同意他所说的话。然而，由于大多数农民，尤其是那些独自居住在偏僻的农场的人，他们都是些朴实的人，思维有点慢。因此，他们不会当场就做出决定。他们知道这个年轻人是什么人。他们知道所有关于他的那个在斯德哥尔摩大屠杀中被毁灭的家族的事。他们知道他自己从暴君的魔爪中逃脱出来所冒的危险。然而，这是一件严肃的事情。国王的士兵到处都是，他们就在周围，而且刽子手就行进在军队中。这是一件危险的事，他们请求演讲者给他们时间来和邻居们好好商量这事。古斯塔夫（Gustavus）从他们那里所能得到的就这些。一旦他们下定了决心，他就会回来。在这期间，他最好去更远的内地，因为他到过这里的消息很快就会传出去，丹麦人就会来搜捕他。

于是，古斯塔夫（Gustavus）就沿着锡利扬湖（Lake of Siljan）的湖岸北上，到一个名叫乌特梅兰（Utmeland）的小村庄去。在那里，

虽然他们感到他说话的口音陌生，但他们完全能听懂他所说的内容。

139

当地的牧师热忱地接待了他，但是这位牧师不敢将他藏在家里，而是将他送到一个友善的、名叫马特·拉尔森（Matt Larsson）——住在乌特梅兰（Utmeland）的拉尔斯（Lars）的儿子马特（Matt）——的农场主那里。

拉尔森（Larsson）让他的客人躲在地下室里，他这样做是对的，因为当丹麦士兵来搜查古斯塔夫（Gustavus）时（一天以后他们是这样做的），就是这个地下室救了他的命。

在这个时刻，又一次充当女英雄的是这个农场主的妻子。当她看到士兵们走近房子时，她急忙将一个正在酿造啤酒的酒桶滚到地板门上，这个地板门通向房子下面的地下室。丹麦人看到了这个大的麦芽汁容器，但他们没有看到地板门，于是，他们离开了。

现在，古斯塔夫（Gustavus）飞快地奔向穆拉（Mora）的中心，穆拉（Mora）是锡利扬湖（Lake of Siljan）最北端的一个相当大的村子。在那里，在1520年这一年的圣诞节那一天，古斯塔夫·瓦萨（Gustavus Vasa）向居住在达拉纳（Dalarne）寂静的森林中的这个古老居民区的人们发表了演讲。

"我们这些生来自由的人，"他问，"还要当多长时间的奴隶呢？"

接着，他提醒他们瑞典人在丹麦压迫者的统治下所遭受的苦难。如果这样的处境再持续几年，那么将不再有一幢房子完全属于瑞典人，也不再有一个瑞典人能够自称为自由人。在那儿，也就是在达尔河谷（valley of the Dal River），暴君的势力还没有渗透进去，其他

　　拉尔森让他的客人躲在地下室里，他这样做是对的，因为当丹麦士兵来搜查古斯塔夫时，就是这个地下室救了他的命。

瑞典人获得自由的希望就在达尔人（Dalmen）身上。

在场的人没有对这些演讲进行过报道。我们所知道的关于这些演讲的内容都是通过口传给我们的，我们从我们自己的历史中知道，口传能够做多么不可思议的事情。为我们自己的自由而斗争的英雄们离我们仅三代之遥，但是，如果他们发现他们的话被多么可悲地错误引用时，他们该会是多么激愤哪！因此，我将不再用古斯塔夫（Gustavus）的演讲来打扰你了，对于这些演讲，我们大部分只能靠猜测。他竭尽全力，而且一定是以某种方式征服了听众。倒不是他激起了他们当场就拿起石弓和宝剑冲出去发动一场独立的圣战。那几乎不是这些行动相当迟缓、思维相当缓慢的乡下人的性格。然而，显然古斯塔夫（Gustavus）还是能够将某种不满的元素注入他们的心中—— 一种表示疑问的不安定的因素，这种疑问就是，他们在这场危机中应该扮演什么角色，如果他们辜负了这个国家其余的人对他们的期望的话，那么他们的后世子孙又会怎样说他们呢？

还是让我们对他们公平点吧。他们发现自己处于极端为难的处境。他们人数少，组织涣散，而且装备也很差。毫无疑问，这个丹麦国王虽然已经干了一件可怕的事情，但是，他没有杀一个农民。他所攻击的是他的敌人，是那些贵族。然而，难道那些贵族不也是农民们的敌人吗？在丹麦，自由农场主阶层几乎被大地主消灭了，就是这个同样的国王克里斯蒂安拯救了这些农场主们，他现在正在给他们一个机会，让他们重新获得他们的一些古老的自由。

这些人有一个不同寻常的找出谁是他们的朋友以及谁不是的办法。国王克里斯蒂安无疑是一个坏人—— 一个大坏蛋——在他身边充满了那些在丹麦和瑞典政治生活中最可恶的东西，而同时，他又是穷人和被压迫者的朋友。现在，农民们不得不做出决定，对他们来说，哪些东西是重要的——是对他自己阶级的爱，还是对共同国家的爱，这个国家在一个半世纪以前几乎就不存在，因为瑞典人（在他们作为一个民族存在时）已经被截然地分成了两群——那些认为拯救国家在于和丹麦的紧密联合的联邦主义者，以及那些希望在自己国王统治下的独立的分离主义者或者爱国者（patriots）（然而，谁不称自己是爱国者呢）。但是，一旦他们中有一个比其他人更有能力的人出现时，这个人就会被他的对手轰赶下去，或者是被谋杀，就像恩厄尔布雷克特·恩厄尔布雷克特松（Engelbrekt Engelbrektsson）那样。

最后，然而却是最具决定意义的是，这话说起来好听："跟我来，我们将打败这些懦弱的丹麦人。"但是，假如那些懦弱的丹麦人原来却是更强大的人，那么又该怎么办呢？到那时，达拉纳（Dalarne）的人民将遭受怎样的命运呢？他们将会在最邻近的树上被吊死（而且他们的土地上长满了树），他们的房子和谷仓将会被烧毁，他们的牲口将会被偷窃，他们的妻子和女儿将会被分给那些为国王打仗的德国雇佣兵。

是的，对于我们这些离那时四个多世纪之久的人来说，很容易做的事情就是坐在这儿，有点气愤地问："为什么这些达尔人（Dalmen）当时不起来跟随那个已经被杀害了的埃里克·瓦萨（Erik Vasa）的儿子——贵族青年古斯塔夫（Gustavus），来为祖国而战呢？"他们没有这样做是因为他们有完全正当的理由，也就是说，这些理由对他们来说完全正当，而不是对我们。

　　他们拒绝响应古斯塔夫（Gustavus）的热情召唤，这对古斯塔夫（Gustavus）的自尊心一定是一个严重的打击，而且，像家族中的所有成员那样，古斯塔夫（Gustavus）也同样拥有种族的傲慢，这种种族的傲慢既是中世纪男人们最大的优点，也是最大的弱点。同时，由于他本人受其出生地的环境的影响太深，因此不能理解，既然赖特维克（Rattvik）村、穆拉（Mora）村以及其他达尔（Dal）村的人们所不得不面临的是生死决择，那么他们为什么仍旧犹豫不决呢？也许在适当的时候，他们会像他那样看问题，但是，他们不是那种能够被驱使的人。他们一定觉得不应该让别人为他们做出决定。他们必须通过

尽管那是冬天里最冷的时节，但是古斯塔夫常常不得不露宿野地。

自己的自由意志来思考出路。他了解了这一点，于是悄悄地离开了，朝着挪威边境的方向走进了更远处的荒野之中，他不知道未来的命运是什么，因为到如今，他是一个地地道道的上无片瓦下无寸土的人。

尽管那是冬天里最冷的时节，但是古斯塔夫（Gustavus）常常不得不露宿野地，靠某个慈悲的农场主的妻子施舍给他的食物来维持生计，而且还必须将他的滑雪橇始终放在他伸手可及的地方，以便在敌人的巡逻队突然袭击他并把他押送到斯德哥尔摩之前，他可以跑掉。如果他们把他押送到斯德哥尔摩的话，他们就会在那里，在仍然浸透着他的父亲和姐夫鲜血的断头台上结果他的性命。

正如他所预料的那样，当时这种事情果然发生了。一天上午，他发现他被两个滑着雪橇的人跟踪了。他试图摆脱追踪，办法是到山谷的低洼处去，那里的一些树丛可以掩护他。但是，由于缺乏食物和休息，他已经精疲力竭了，于是，很快他就被追上了。

接着，他听到有人用熟悉的达拉纳（Dalarne）方言说话！这两个人是朋友。他们来自穆拉（Mora）。他们受派遣来追赶他并请求他回去，这样，他就可以领导达尔人（Dalmen）战斗，将瑞典人从外国压迫者的手中解救出来。

是什么事情使这些达勒卡尼亚人（Dalecarlians）（来自达拉纳（Dalarne）的人）改变了主意呢？我们不知道。像往常那样，那一定有多种原因。其中的原因之一就是对自由的真挚的热爱。当时，一些谣言开始从首都慢慢传开来，这些谣言就是，国王克里斯蒂安（不管他有可能多么热爱他自己的民众）不打算将瑞典人列入他的农民解放的计划中。相反，他打算派遣一支外国雇佣兵大军到达尔人（Dalmen）的地盘上去，并指示要在每一块空的宅地上竖起一台绞刑架。接着，可能还有似乎是关于发生在斯德哥尔摩的一些更加恐怕的事件的细节描述。如今，大家都知道了斯滕·斯特尔（Sten Sture）这位死去的领导人同时也是大主教和大叛徒特罗勒（Trolle）的敌人的遭遇。他的尸体从坟墓中挖出来，先是扔给狗吃，然后像普遍的垃圾一样，同斯德哥尔摩清洗中的其他受害者的尸体一道被焚烧。处死一个人是一回事，污辱他的遗体又是另外一回事，而反对国王克里斯蒂安的情绪已经上升为一种如此狂暴的怒火，以至于达勒卡尼亚人（Dalecarlians）突然对他们所要做的事情做出了决断。他们必须派他们最好的滑雪能手去找古斯塔夫（Gustavus）。这些送信人必须把他劝说回来，一旦他回到穆拉（Mora），他就必须担当即将成为瑞典解放军的队伍的首领。

09 万岁，古斯塔夫国王

　　起初，对于这些事情，国王克里斯蒂安都没有听说过。当最后这些事情引起他注意时，他只把它们当成是鸡毛蒜皮的小事而不加以考虑，即使这些事情将来有可能闹大，那也不过是可笑的小规模的农民暴动，一个警卫班的士兵就可以应付了。而当事情真的变得严重时，他又忙于很多其他的事情，以至于甚至没有时间来安排那个警卫班，就这样，丹麦失去了瑞典。

　　在很大程度上，国王克里斯蒂安的个性是由这个世界所造成的，他具有某些人类的特性（显然他从来就没有从失去他心爱的迪弗克（Dyveke）的痛苦中恢复过来），其中还夹杂着他对人类痛苦的完全漠视，以及他作为说谎者的惊人的天赋。但是，没有人怀疑过他对自己的国家和人民的真挚热爱。最重要的是，他想将他的小国丹麦变成在北方具有领导地位的国家。为了这个最终的目标，他愿意牺牲一切。那些今天帮助过他的人，有可能明天就会被送上断头台，在某种意义上，仅仅由于连他们自己都不知道的什么原因，他们就招致了国王陛下的不高兴。

在斯德哥尔摩，第一个要被砍头的是那个斯特兰奈斯主教，他曾经是国王的大丹麦政策的最忠实的支持者之一。而同样是那个曾经是国王最热诚的支持者和顾问之一的迪第克·斯拉格赫克（Didrick Slagheck，该处人名的英语原文是 Didrik Slagheck，和前面多处出现的Didrick Slagheck有点不一样，少写了一个字母c，但我想可能是作者的笔误，正确的拼写应该是Didrick Slagheck）此刻正坐在一个极不舒服的小隔间里，等待着被带去最后与刽子手见面，其结果是任何人都绝对不能置疑的。当一般的、普通的凡夫俗子试图和那些不仅充当比赛的裁判员而且还根据他们自己的喜好和利益来亲自修改规则的人一起打球时，其结果就是如此。我们希望人类现在能从这件事情中吸取教训，因为整个被记载下来的历史都将证明：这个暴君缺乏忠诚，而且他还以背信弃义的行为为最大的乐趣。

克里斯蒂安是一个小国的统治者，而整个世界并没有对斯堪的纳维亚的历史产生浓厚的兴趣。然而，这个统治者值得我们注意，因为他是一个令人恐惧的深重苦难的例子，而这种深重的苦难可能会强加在世代无辜的人们身上，而他们对生活的唯一要求是不受打扰地以自己独特的方式来追求自己的那种幸福。

当整个瑞典处在一种焦虑和动荡状态时，国王陛下回到了哥本哈根，他对自己所做的事情非常满意，并小心地策划他的下一步行动。他现在不再想瑞典的事了。他自信在未来的许多年里那边都不会发生动乱。国王政府的敌人已经死了。对他的统治的反抗已经完全被摧毁了。三人委员会已交给特罗勒大主教（Archbishop Trolle）

最偏僻的山区的最远
的角落

负责，虽然他们之间的合作不太好，但是，他们有足够数量的丹麦
士兵做后盾以确保他们地位的绝对安全。同时，丹麦舰队完全控制
了波罗的海，如果万一有德国北部的一些大商业城市认为打垮卡尔
马联盟（Union of Kalmar）势力的时机已经到来时，那么这支舰队
将确保不会有外援的进入。有报道说，埃里克·瓦萨（Erik Vasa）
的儿子已经逃跑了，而且已经逃到了达拉纳（Dalarne），据说他企
图在达尔人（Dalmen）人中煽动动乱。然而，他很快就会被抓住
并被绞死，既然他的母亲和姐姐也已经死了（她们死于监狱里的热
病），那么接下来，这个令人讨厌的家族将会被彻底根除。随着斯

特尔家族（Stures）也被清除，那么就没有什么人能够制造严重的动乱了。瑞典人缺乏团结已是臭名昭著。他们的个人主义是如此惊人的强烈，以至于他们从来就不能够为了一个共同的奋斗目标而抛掉他们自己的那点小嫉妒心。国王陛下判定实现丹麦辉煌的美好梦想的时刻已经到来，这么多年来，这个美好的梦想一直萦绕在他的心头。

因此，他到低地国家去执行一项秘密的任务。他的姐夫查尔斯皇帝（Emperor Charles）现在已经成了那些最富裕的省份的统治者，这些省份的人们真正懂得怎样做生意，在那里，安特卫普（Antwerp）市已经成功地使自己成为整个西方世界的金融中心。克里斯蒂安希望能够从这个新的贸易中分一杯羹，这种新的贸易可能是由大西洋对岸的那些神秘国家发展而来，而这些神秘国家是最近由一个名叫克里斯托弗·哥伦布（Christopher Columbus）的热那亚探险家（Genoese explorer）所发现的。这个人的名字的意思是鸽子（Pigeon），就是这个人的名字使他想起了他自己的小鸽子（Little Pigeon），那个死在他的敌人——丹麦的大地主——手中的可爱的迪弗克（Dyveke），而那是一个好兆头。因此，即使听说了在瑞典特罗勒大主教（Archbishop Trolle）现在已经囚禁了他的两个同僚议员，并正在充当一种几乎拥有国王权力的独裁者后，克里斯蒂安仍然航行前往低地国家。

所有这一切都能够被摆平，只要他从安特卫普（Antwerp）的银行家那里带回一些优质的、有利可图的贷款，带回一些他希望同佛兰德人（Flemish）以及荷兰商人（Dutch businessmen）签署的同样有利可图的商业协定。当然，这些商业协定是一种他指望从他那好心的姐夫那里得到全力支持和合作的商业投机项目。

是的，一切都是按照国王陛下的方式进行的，当他返回时，他将用所有他需要的钱来打造一支舰队，他希望用这支舰队来摧毁那些位于波罗的海沿岸的富庶的德国城市，如果在此期间，特罗勒（Trolle）（他仍然充分信任他）还没有扑灭国王陛下离开斯德哥尔摩时仍然还存在的这个国家的反抗的话，那么，他用剩下的钱，能够毫无疑问地雇佣足够的外国雇佣兵，来扑灭瑞典更多的反抗。

然而，事情却向另一个方向发展，因为一旦穆拉人（men of Mora）接受古斯塔夫·瓦萨（Gustavus Vasa）为他们的领袖，那么，达拉纳（Dalarne）的其他村庄和小村落就会起而效仿。达尔人（Dalmen）从最偏僻的山区的最偏远的角落，正急急忙忙地赶往锡利扬湖（Lake of Siljan）畔。当时，那些逃脱了斯德哥尔摩浴血大清洗的贵族也来加入到反叛者的一边。形势最终迫使他们忘却了自己的小野心。在瑞典历史上，整个民族头一次以一种强大的向上的气势团结起来，对瑞典人应该是他们自己命运的主人还是必须继续接受外国暴君的奴役做出了断然的抉择。

古斯塔夫·瓦萨（Gustavus Vasa）带领他那些装备极差但敢于拼命的达尔人（Dalmen）向南挺进，丹麦要塞都被这如洪水般涌来的愤怒的人群攻克了。在布兰伯克渡口（Brunnback ferry）附近发生了一场激战，特罗勒（Trolle）派出的、用于中途拦截古斯塔夫·瓦萨（Gustavus Vasa）的人马的丹麦军队，被踩在脚下，并且被全部歼灭，几百名士兵在试图通过泅水过河来逃命时被淹死了。

后来，法伦（Falun）铜矿区的矿工们加入了古斯塔夫（Gustavus）的队伍。他率领一支一万五千名反叛者的队伍离开了达拉纳（Dalarne），攻入西曼兰（Vastmanland），并占领了防卫坚固的韦斯特罗斯城（city of Vaster.s）。接着，他又向乌普萨拉（Uppsala）进军，经过一场血腥的战争之后攻占了该城市。在那里，他给大主教写了一封信，告诉他做出选择的时候到了——他愿意作一个真正的瑞典爱国者还是愿意做一个丹麦奴隶。

特罗勒（Trolle）把这份文件当成一种玩笑，他把这封信给所有和他接触的人看，令他觉得十分可笑的是，这个农村乡绅中的小暴发户居然敢挑衅丹麦国王的权威。然而，他再也见不到他那美丽的乌普萨拉（Uppsala）城了，因为反叛势力现在已以难以控制的森林大火般的猛烈之势横扫了这个国家，等到克里斯蒂安最终决定回到丹麦时，已经太晚了。那些富庶的汉萨（Hansa）城市看到这场起义就发生在波罗的海对岸，他们摆脱长期以来丹麦邻国对他们的威胁的机会来了，于是，他们对反叛者给予援助。他们给古斯塔夫（Gustavus）提供所需要的资金（的确，所收的利息率很高），同时，他们的船只还在波罗的海巡逻，这样，丹麦海军就不能增援斯德哥尔摩的驻军了。

他们所做的远不止这些。他们还在丹麦国内鼓动（依靠他们的金钱）一场阴谋活动，其目的就是要推翻克里斯蒂安的统治，并将王位转给他的叔叔弗雷德里克·霍尔斯坦公爵（Duke Frederick Holstein）。克里斯蒂安自信农民们（难道他不是他们最忠实的卫士吗？）会支持他，于是，他就告别了低地国家，急急忙忙回到了家。他既没有得到贷款，也没有获得他有利可图的商业协定。

在安特卫普（Antwerp），他让德国著名的大师阿尔布雷特·丢勒（Albercht Dürer）为他画了画像。他还会见了伊拉斯谟（Erasmus）。令伊拉斯谟（Erasmus）感到不太理解的是，这个国王是如何奇怪地将残忍、背信弃义和对平民的热爱结合在一起的，为了保护平民，他打算依照他在低地国家所发现的法典的例子，制定新的法典，那些低地国家在过去的许多世纪里一直都推行的是地方自治。然而，国王陛下偶尔在谈话中提到，在政府的所有真正严肃的事情上，温和的措施是没有什么用处的，只有那些给整个政体带来一次剧烈震动的补救方法才能产生效果，精明的荷兰人（Dutchman）就很懂这一点。国王试图采取更进一步的措施来赢得当时一些最著名的学者的支持，但没有取得成功，因为，尽管丹麦国王在某些方面非常的宽大，并且他也很清楚，封建压迫的时代已经一去不复返了。但是，他的全部打算是，用他自己的独裁意志来取代他所希望摧毁的贵族的独裁意志。

丹麦人也开始明白了他们这样做也不过是从水坑跳到了火坑，因此，当克里斯蒂安回到哥本哈根时，他感到自己成了一个没有王国的国王。

德国波罗的海诸城市的舰队控制了海洋。为了为自己的海军筹集钱款，克里斯蒂安于是规定所有经过松德海峡（Sund）（将丹麦与瑞典分开的水体）的船只都必须给他交很高的税，当他居然没收许多拒绝遵从他的意志的荷兰船只时，他就失去了从荷兰（Netherlands）商人那里获得帮助的最后机会，而这些荷兰商人可能是他的贷款人。

于是，他所有的雄心勃勃的计划都成了泡影，而此时的瑞典人正不断地向南推进，现在正在对斯科讷（Skane）省构成威胁，斯科讷省是斯堪的纳维亚半岛上唯一的仍被牢牢地控制在丹麦人手中的地区。篡位者的朋友们仍然驻守在斯德哥尔摩以及哥得兰岛（Gotland）上几个四处散落的孤零零的地方。但是，瑞典的其余地方都获得了自由。瑞典人民整理他们的房子的时间到了。

1523年这一年的5月，也就是斯德哥尔摩大屠杀只过去了三年，国会（Riksdag）——瑞典人民的代表大会——在古老的城市斯特兰奈斯（Strangnas）召开。参加这个国会（Riksdag）的有来自贵族、城市，以及矿工和农民的代表，还有两个代表是来自城市吕贝克（Lubeck），这个城市曾经资助过解放军的行动。在这个庄严的集会开始前的第一项工作就是选举一个新的国王，由于斯特尔家族（Stures）的最后一代孩子年龄太小而不予考虑，能够顺理成章地担当此高位的候选人只有一个，那就是古斯塔夫（Gustavus），这位已故的埃里克·瓦萨（Erik Vasa）的儿子。

1523年6月6日，为了上帝永远的光辉和荣耀，为了所有瑞典人民持久的利益、光荣和力量，古斯塔夫·瓦萨（Gustavus Vasa）全票当选为瑞典国王。十天以后，斯德哥尔摩城投降，在同一年的仲夏夜（Midsummer's Eve），国王古斯塔夫（Gustavus）胜利地进入了他的新首都。

在不到三年的时间里，他从丹麦的监狱里逃出来，再一次踏

在不到三年的时间里，他从丹麦的监狱里逃出来，再一次踏上了祖国的土地，得知了斯德哥尔摩的大屠杀、他所有亲属的被谋害以及他的国家自由的丧失。

上了祖国的土地，得知了斯德哥尔摩的大屠杀、他所有亲属的被谋害以及他的国家自由的丧失。三十七年后，经过了长时间的、艰难的，然而却十分繁忙且非常有作为的生命历程之后，他去世了。在他去世时，他知道他的任务已经完成了。瑞典人再也没有必要屈膝接受外国主人的奴役了。是他使这一切得以实现，并静静地等待生命的终结，在熟读《圣经》中寻找安慰。在他最后的岁月里，通过《圣经》他已经越来越熟悉，到现在已经明白了这些话的美妙之处：

"好样的，你这善良而忠诚的仆人。在几件事情上你已经表现得很忠诚了。因此，我将让你掌管许多事情。让你进入你的主的极乐世界。"

完成于1944年2月某个星期五的16点10分